누구나 알지만
아무도 모르는
삼성 이야기

삼성공화국은 없다

조일훈 지음

한국경제신문

Copyright ⓒ 2005, 조일훈
이 책은 한국경제신문 한경BP가 발행한 것으로
본사의 허락없이 이 책의 일부 또는
전체를 복사하거나 전재하는 행위를 금합니다.

■ 머리말

나폴레옹이 다시 태어난다면

기업이란 도대체 무엇인가. 기업은 과연 누구를 위해 존재하는가.

이런 근본적인 문제들에 봉착하면 우리의 상상력은 의외로 빈곤해진다. 기업에 대한 일상적 관심이라면 그저 기업이 제공하는 제품과 서비스, 주가와 연동된 실적, 뉴스 가치가 있는 최고경영자들의 언행 정도에 머물러 있다.

대개의 경우 '법적 인간(법인)'의 형태로 존재하는 기업은 '자연인' 만큼이나 변화무쌍하고 복잡다기한 모습을 갖고 있다. 어떤 기업의 의사결정에 따른 책임이 해당 법인에 있는 것이냐, 아니면 기업 종사자들에 있는 것이냐는 해묵은 논쟁, 다시 말해 과연 법인은 실재하는 것이냐의 문제는 접어두고서라도 인간이 만든 가장 이상적인 조직이 기업이라는 데는 이론의 여지가 별로 없다. 여기에다 생로병사의 도식적 운명과 달리 기업은 말 그대로 불로장생을 꿈꿀 수 있는 희한한 조직이다. 짧은 시간에 생을 마치는 인간과 달리 기업의 생명은 훨씬 탄력적이고 영속적일 수 있다.

실제 일부 기업은 50년, 100년을 뛰어넘는 생명력을 보여주고 있고,

흔히 정부는 영원한 조직이라고 인식하는 것처럼 기업 역시 개별적인 흥망에 관계없이 존재 자체는 지속될 것이라는 믿음이 있다.

기업은 특히 시장경제의 주도자이자 국제교역의 총아로 성장하면서 현대사회에서 한 나라의 국력을 가늠하는 척도로까지 자리잡았다. 역내에 포진한 기업의 질과 수가 그 영토를 지키는 군대보다 더욱 강한 힘이 된다는 것은 멀리 갈 것도 없이 대한민국의 사례로도 충분히 입증할 수 있다.

만일 나폴레옹 같은 인물이 다시 태어난다면 예전처럼 포병장교로 입신을 꾀할 것인가. 필자가 보기엔 그는 아마도 기업에 입사할 것이 분명하다. 젊은 포부를 펼칠 수 있는 네트워크와 시스템, 세상의 흐름을 바꿀 수 있는 기술과 경제력, 시대의 문화와 코드를 창조해 나갈 수 있는 지략을 펼칠 수 있는 공간을 갖고 있기 때문이다.

실제 근대적 자본주의 태동기에 많은 야심가들이 기업과 함께 명멸해 갔다. 지금은 역사교과서에나 등장하는 남해주식회사나 미시시피주식회사와 같은 이름의 기업들은 18~19세기 유럽 전역의 대중들을 주식시장으로 끌어모으면서, 마치 신천지가 도래할 듯한 환상을 심어주는 묘기를 부렸다. 이 시대의 실패한 기업인들은 대개 권총자살로 생을 마감했지만 한때는 나폴레옹이 부럽지 않을 정도의 힘을 자랑하기도 했다.

시간이 좀더 지나면 정치에 직접 진출하는 기업인들의 모습도 볼 수 있다. 미국의 석유재벌 록펠러 가문은 경영에서 손을 떼고 정치귀족으로 전환했다. 자손들을 대거 백악관 관료집단에 집어넣고 대통령 선거에 영향력을 행사하기도 한다. 빌 클린턴 전 미국 대통령의 가장 유력한 조력자가 록펠러 가문이라는 사실은 잘 알려져 있다.

그래서 논객들이 기업을 권력과 결부시키는 것은 필연적일지도 모른다. 특히 좌익 성향의 지식인들은 '기업이 현대적으로 변형된 또 다른 권력'이라고 목소리를 높이고 있다. 유럽 내에서 가장 좌파적인 자본주의 시스템을 갖고 있는 독일의 프랑크푸르트학파가 '기업의 자유를 제한하는 것이 자유의 기초'라는 슬로건으로 반(反)기업 정서를 부추긴 것은 결코 우연이 아닌 셈이다.

가난한 사업가들이 유한책임제도를 발판으로 속속 기업을 설립하는 것이 못마땅했던 과거 영국의 귀족들은 기업에 대한 또 다른 권력적 개념을 내놓았다. 그것은 '기업은 속물들이 하는 것'이라는 뒤틀린 인식이었다. 귀족들은 시장판에서 험한 말을 쏟아내며 성장한 신흥 사업가들이 고매한 품격을 가진 자신들과 어깨를 나란히 하는 것을 결코 달가워하지 않았다. 그런 이유에서인지 영국에는 대기업들이 별로 없다.

기업을 권력적 틀에 집어넣고 뜯어보는 일이 최근 우리나라에서도 일어나고 있다. 바로 이 책을 쓰게 된 이유, '삼성 공화국론'의 확산이 그것이다.

과거에도 기업총수의 행태를 향해 '황제경영'으로 칭하고 큰 그룹에 '공화국'이라는 용어를 갖다 붙이는 사례가 없었던 것은 아니지만, 삼성만큼 정교하고 입체적으로 비판과 견제의 도마 위에 오른 기업은 없었다. 삼성공화국론의 요체는 삼성이, 또는 이건희 회장을 정점으로 하는 총수 일가가 막강한 자금력과 인재 네트워크를 앞세워 무소불위의 권력을 휘두른다는 것이다. 그리고 이런 주장이 대중들에게 적잖은 공감 내지는 공분을 불러일으키고 있는 것 또한 사실이다.

필자는 이 책을 통해 삼성공화국론이 제기된 개별적 근거들에 대해 갑론을박을 할 생각은 없다. 삼성이, 또는 이 회장이 잘 한 것도 있고 못한 것도 있을 것이다. 실제 공화국론에 담긴 일부 비판은 정곡을 찌르는 날

카로움을 갖고 있다.

 필자는 다만 삼성이 권력화돼 있다는 주장, 나아가 이런 주장이 먹히는 세태에 대해서는 강한 경계심을 갖고 있다. 비판이 비판으로 끝나지 않고 개별 기업의 지배구조(권력구조)를 바꿔야 한다는 논의로 치닫고 있는 데 대해 그 위험성을 적시하지 않을 수 없다. 특히 일하지 않고 평론만 일삼는 자들, 바깥에서 흑백 TV조차 한 대 팔아본 경험도 없는 자들이 허울 좋은 경제민주주의를 앞세워 기업의 발목을 잡고 있는 현실을 통렬하게 전복할 수 있는 새로운 상상력의 지평을 제시하고자 한다.

 그리하여 나폴레옹 같은 인물이 다시 태어난다면 아무런 거리낌 없이 삼성 같은 기업에 터를 잡았으면 하는 바람이다.

 하지만 이 모든 각오와 의도에도 불구하고 제대로 글을 써내려갔는지에 대해서는 여전히 의문이다. 삼성을 고작 3년 정도 출입한 데 따른 경험의 협소함, 짧은 지식과 편협한 시야, 무엇보다도 이건희 회장을 한 번도 만나지 못했다는 점 등이 집필 내내 마음을 무겁게 했다는 사실을 아프게 고백한다.

 삼가, 혜량을….

2005년 12월
한국경제신문 편집국에서
조 일 훈

차례 | CONTENTS

머리말 | 나폴레옹이 다시 태어난다면 ● 3

CHAPTER 1 삼성공화국론의 진실과 거짓

01 예고된 공격 ● 13
02 지배구조의 함정 ● 20
03 금융-산업 분리의 덫 ● 28
04 삼성의 10만 양병론 ● 35
05 참여연대, 기습전을 펴다 ● 42
06 손자가 할아버지의 DNA를 바꿀 수 있나? ● 46
07 기업의 과거사, 단죄의 대상인가? ● 51
08 총수-기업 분리론의 음모 ● 58
09 지배구조와 성공의 함수 ● 63
10 삼성은 비윤리적 기업인가? ● 69
11 2002 대선자금 변명과 진실 ● 74
12 무노조냐, 비노조냐 ● 81

CHAPTER 2 · 삼성맨도 모르는 삼성 이야기

01 연봉, 얼마나 받나? ● 91
02 삼성 임원들은 신흥귀족? ● 95
03 전격 폐지된 스톡옵션 ● 101
04 삼성 인재경영의 비밀 ● 107
05 인재경영 문답풀이 ● 117
06 구조조정본부의 파워 ● 121
07 귀신도 울고 가는 감사팀 ● 128
08 눈이 내려도 마당을 쓸어라 ● 132
09 노아의 방주 ● 138
10 왜 관리의 삼성인가? ● 142
11 구조조정위원회 사람들 ● 145
12 세계 최초의 디지털 미술관 '리움' ● 148
13 삼성병원은 왜 적자인가? ● 157

CHAPTER 3 · 아버지와 아들

01 왕따의 길 ● 165
02 이건희의 또 다른 고독 ● 171
03 회장실에 회장은 없다? ● 176
04 아침 드라마를 즐기는 회장 ● 180

05 영화감독과 기업총수 ● 185
06 이사에 얽힌 오해 ● 190
07 파괴와 비관의 미학 ● 195
08 "자네, 일본 알아?" ● 205
09 인터뷰는 왜 안 하나? ● 212
10 이재용, 그는 누구인가? ● 217
11 황태자의 부채 ● 222

CHAPTER 4 삼성을 움직이는 CEO

01 빈틈없는 CEO, 이학수 ● 231
02 불같은 카리스마, 윤종용 ● 236
03 이학수와 윤종용 ● 243
04 이기태냐, 황창규냐 ● 247
05 삼성에서 출세하려면 ● 253
06 명예의 전당을 향해 ● 263

CHAPTER 1
삼성공화국론의 진실과 거짓

01
예고된 공격

2005년 가을, 태평로 풍경

삼성이 이른바 '에버랜드 전환사채(CB) 저가발행 사건' 1심 재판에서 패소한 직후인 2005년 10월 어느 날.

　서울 태평로 삼성 본관 사옥을 지나는 사람들의 발길에 이건희 회장의 찢어진 사진들이 걸어차이고 있었다. '부도덕한 재벌총수 이건희를 구속하라'는 조잡한 문구와 함께였다. 행인들이 밟고 다니라고 누군가 일부러 깔아놓은 종이 사진들이었다. 마침 거리에는 비까지 내려 사진 속 이 회장의 얼굴은 온통 진흙더미로 얼룩졌다.

　퇴근길에 삼성 본관을 걸어 나오던 누군가 낮게 중얼거렸다.

　"정말, 이런 정도의 대접밖에 받지 못하나…."

　민망함과 모욕감이 가득한 표정에는 누군가를 향한 까닭 모를 적의가 드러나고 있었다. 하지만 그것으로 그만이었다. 푸념은 이내 빗소리에 묻히고 거리를 지배하는 풍경은 여전히 무심한 일상들이었다.

언젠가 이러한 거리의 분위기를 모 계열사 사장을 만나 전달했더니 다음과 같은 얘기를 했다.

"요즘 삼성의 젊은 사람들, 참 문제예요. 그런 걸 보고 멱살잡이라도 하겠다고 달려드는 사람이 한 명도 없잖아요…. 그렇지 않습니까? 세상 모든 사람이 삼성과 총수 욕을 해도 안에 있는 직원들은 핏대를 세워야 하는 것 아닙니까?"

듣고 보니 정말 그랬다. 일상의 사소한 일에도 타인에게 화를 내고 눈에 불을 켜는 경우가 어디 한두 번인가. 자신이 다니는 회사의 최고경영자가, 그것도 회사 앞에서 그런 꼴을 당하는데도(물론 사진이지만) 어느 한 사람 분개하는 모습을 보이지 않는 것은 확실히 이상했다.

하지만 그것이 오늘날 삼성의 현주소다. 때리면 맞고 뱉으면 받아 삼킨다. 수많은 직원들 중 멱살잡이 한번 할 만한 용기(?)를 가진 사람들이 왜 없겠는가. 속이 부글부글 끓어도 참아야 한다는 것이 삼성 내부의 대체적인 정서요, 전체적인 분위기다. 일련의 사태를 풀어나갈 만한 똑떨어지는 해법이 보이지 않기 때문이다. 아니, 어찌 보면 해법을 찾을 여유가 없는지도 모른다. 삼성은 그동안 무차별적으로, 전방위로 난타당하면서 거의 그로기 상태에 빠져 있다.

이학수 삼성 구조조정본부장(부회장)의 표현을 빌리면, "사면초가가 아니라 십면초가, 아니 삼십육면초가에 몰려 있는 양상"이다.

재계 1위이자 일본 최고의 기업 도요타와 어깨를 나란히 한다는 삼성이 왜 이런 지경에까지 내몰렸을까. 해외에 가면 찬사 일색인 삼성이 국내에서는 왜 터무니없는 대접을 받는 것일까.

삼성공화국론 부상

삼성에 '공화국'이라는 단어가 붙은 것은 제법 오래됐다. 2000년 이래 삼성이 성공가도를 달리고 경제사회 전반에 대한 영향력이 확대되면서였다. 하지만 처음에 이 단어는 그다지 대중의 관심을 끌지 못했다. 재벌그룹의 힘이 세다는 것은 새삼스러운 얘기가 아니었다. 삼성을 공화국이라고 할 수 있다면 LG나 현대그룹도 마찬가지였다. 삼성과 공화국이라는 단어의 결합은 삼성식 경영이 성공하고 있다는 또 다른 표현이었다.

하지만 2004년 하반기부터 삼성을 대하는 분위기가 확 달라졌다. 그해 8월, 대검찰청 수사기획관을 지낸 이종왕 변호사를 구조조정본부 법무실장으로 영입한 데 이어 판·검사 출신의 법조계 인력들을 무더기로 끌어모으자 삼성공화국이라는 표현에 '정치적인' 해석이 실리기 시작했다. 공교롭게도 비슷한 시기에 유능한 관료와 언론인들도 속속 삼성에 입성했다.

삼성에겐 인재경영의 일환이었지만 비판론자들이 보기엔 사회 전반을 아우르는 네트워크를 구축함으로써 도전받지 않는 철옹성을 쌓으려 하는 것처럼 보였다. 삼성은 이때만 해도 외부의 시선이나 비판에 크게 개의치 않았다. 으레 그래왔듯이 저러다 말겠거니 하는 생각이었다.

삼성그룹은 2004년 한햇동안 무려 19조 원이 넘는 사상초유의 경상이익을 거둔 뒤 글로벌 초우량기업으로의 도약을 기념하는 샴페인을 터뜨렸다. 이건희 회장은 끊임없이 위기의식을 강조했지만 인심을 쓰지 않을 수 없었다. 삼성그룹은 연말에 7,000억 원의 특별보너스를 임직원들에게 나눠준 데 이어 2005년 2월에는 1조 2,000억 원 상당의 성과급까지 배분했다. 삼성의 막대한 현금 보너스가 증권과 부동산시장까지 부양한다는 얘기가 나올 정도로 삼성 현금지급의 위력은 대단했다.

거대기업 삼성을 바라보는 우리 사회의 시각이 이중적으로 변해간 것은 그 즈음이었을 게다. 찬사와 질시, 존경과 견제심리가 공존하게 됐다. 외부 리스크를 관리하는 데 최고의 기업이라는 삼성조차 예상치 못한 흐름이었다.

'삼성공화국' 이라는 단어는 비로소 질투와 견제가 뭉쳐진 신조어의 대접을 받기 시작했다. 단 한 번도 정치권력에 도전한 적이 없는 기업을 '공화국' 이라는 권력적 틀에 가둬놓고 힘과 영향력을 재단하고 경계했다. 때맞춰 많은 사건들이 잇따라 터져나왔다. 삼성에겐 대부분 곤혹스런 악재들이었다.

2005년 5월 이건희 회장에 대한 고려대 명예박사 학위수여 식장에서의 소동을 필두로 옛 국가안전기획부가 저지른 불법도청의 산물인 'X파일' 유출사태, 삼성에 대한 '금융산업구조개선에관한법률(일명 금산법)' 의 적용문제, 최근 에버랜드 CB 발행에 대한 법원의 유죄판결로 촉발된 삼성 지배구조 및 후계구도에 대한 도덕성 논란 등이 꼬리에 꼬리를 물고 이어졌다.

그 와중이었던 6월 말, 삼성은 공정거래법상 대기업집단 내 금융계열사의 의결권 제한규정이 위헌이라는 이유로 헌법소원을 제기하는 파격을 연출했다. 삼성에겐 전자 경영권을 방어해야 한다는 절체절명의 명분이 있었지만 공정거래위원회나 시민단체는 "삼성이 막강한 법무실을 앞세워 마침내 국가공권력에까지 도전한다"고 십자포화를 퍼부었다.

모든 것이 꼬여만 갔다. 금산법 논란은 국정감사장의 핵심 감사대상에 올라 '정부의 삼성 봐주기' 논란으로 확대됐고 에버랜드 CB 발행사건은 패소의 아픔은 젖혀두고라도 삼성과 검찰의 맞항소로 다시 한번 여론의 따가운 재판을 받을 처지에 놓이게 됐다. 건강문제로 해외에 머물고 있는 이건희 회장은 X파일과 에버랜드 사건으로 검찰에 소환될 극단적 가능성까지 점쳐지고 있는 분위기다.

삼성의 심장부인 구조조정본부는 그야말로 쑥대밭이 됐다. 예민하고 섬세하기 이를 데 없었던 현안조율 솜씨는 '삽십육면초가'의 덫에 걸려 어이없이 방향타를 잃고 말았다.

준비된 저격수들

삼성이 이렇게까지 궁지에 몰린 것은 우연이든, 필연이든 대형악재들이 동시다발적으로 터져나왔기 때문이다. 안기부 X파일과 같은 사건은 전혀 예상치 못한 청천벽력이었다.

하지만 곰곰이 따져보면 삼성에 대한 공격은 이미 오래 전부터 준비돼 온 것이었다. 반(反)삼성의 대표주자인 참여연대는 '경제개혁'의 시금석을 삼성 지배구조 혁파로 보고 모든 역량을 삼성 공략에 쏟아 부어왔다. 삼성 법무실의 한 변호사는 "최근 몇 년 간 참여연대의 활동양상을 보면 삼성에 대한 고발장이나 고소장 쓸거리를 찾는 데 혈안이 돼 있는 것 같다"며 "우리도 미처 몰랐던 허점을 예리하게 파고들 때면 등골이 서늘했다"고 말했다.

실제 2004년 4월, 삼성에버랜드가 '규제받지 않고 있는 금융지주회사'라는 사실을 세상에 처음 공개한 것은 참여연대였다. 그때까지 삼성은 아이스크림이나 팔고 있는 놀이공원인 에버랜드가 금융지주회사 규제를 받게 될 줄은 꿈에도 생각지 못했다.

최근 1심 판결이 난 에버랜드 CB 발행사건 역시 2000년 참여연대의 고발에 의해 검찰이 수사에 착수한 것이었다. 당시 참여연대는 "이건희 회장을 비롯한 삼성 경영진과 계열사들이 이 회장의 외아들인 이재용(현 삼성전자 상무)씨에게 경영권을 넘겨주기 위해 에버랜드가 발행한 CB를 실제 가격보다 현저하게 낮은 가격으로 이재용씨에게 넘겨줬다"는 이유로 이건희 회장 등을 배임죄로 고발했다.

이뿐만이 아니다. 참여연대는 1997년 제정돼 사실상 사문화돼 있던 금산법 제24조를 끄집어내 삼성의 법위반 사실을 이슈로 부각시켜 국정감사장까지 끌고오는 데 성공했다. 오죽했으면 노무현 대통령까지 나서 타협과 절충을 강조했겠는가. 사실 일반 대중은 금산법 제24조의 복잡한 내용과 난해하기 짝이 없는 제정취지를 잘 이해하지 못한다. 이런 대중들에게 금산법 논란은 삼성이 뭔가 불법적인 일을 획책하고 있었고, 나중에 그 사실을 가리기 위해 정부에 로비를 시도했다는 인상을 주기에 충분했다. 금산법 논란의 진실 여부에 관계없이 삼성은 패자였고 참여연대는 저격수로서 또 하나의 공격 포인트를 추가하는 개가를 올렸다.

참여연대가 삼성 견제를 위해 정책당국자들을 압박하고 시민사회를 설득하는 비판·선전술을 구사해 왔다면 공정거래위원회나 금융감독위원회는 직접 규제의 칼자루를 쥐고 있다. 이들 정부기관은 공정거래법, 지주회사법, 금융지주회사법, 회계관련법 등을 통해 기업의 지배구조를 규율하고 강제한다.

'경제 민주화'라는 대중적 기치를 내걸고 출범한 노무현 정부는 2003년 12월 30일, 당시 김진표 경제부총리 주재로 관계장관 간담회를 열고 '시장개혁 3개년 로드맵'이라는 것을 발표했다. 대기업 금융사가 보유하고 있는 계열사 주식의 의결권 행사범위를 기존 30%에서 단계적으로 축소해 나가겠다는 것이 골자였다.

공정거래법을 쥐고 있는 공정위는 2004년 6월에 이르러 구체적인 방안을 발표했다. 현재 30%인 금융계열사의 의결권 총량을 2006년부터 매년 5%포인트씩 단계적으로 낮춰 2008년에는 15%로 제한하겠다는 방안을 마련한 것이다.

삼성에는 초비상이 걸렸다. 그룹의 핵심인 전자의 경영권 방어가 어려워질 수 있는 상황이었기 때문이다. 당시 전자에 대한 삼성의 내부지분율은 22%를 간신히 넘고 있었지만 의결권이 없는 자사주를 제외한 실제 지분은 17% 수준에 불과했다. 이런 상황에서 9% 남짓 되는 생명과 화재의 의결권이 공정거래법에 의해 묶인다면 삼성전자는 고작 15%의 지분으로 경영권을 방어해야 할 처지에 놓이게 된다.

삼성은 공정거래법 개정안의 부당함을 호소하며 이례적으로 세미나까지 개최하는 등 총력 대응을 펼쳤지만 국회는 정부안을 그대로 통과시켰다. 2005년 4월부터 이 법이 시행되자 삼성은 경영권 방어를 위한 더 이상의 묘책이 없다고 보고, 이 법안의 위헌성을 문제 삼아 헌법소원을 제기한 것이다.

결국 삼성이 2000년 이후 거둬들인 눈부신 경영성과를 자축하며 지구촌 시장을 누비고 있을 때 저격수들은 이미 삼성의 심장부를 정조준하며 때를 기다리고 있었던 것이다.

02 지배구조의 함정

'주식민주주의'에 대한 오해

우리는 언젠가부터 '지배구조 개선'이라는 정책당국이나 시민단체의 표현을 그대로 받아서 사용해 오고 있다. 그러나 과연 '개선'이라는 단어를 함부로 사용할 수 있는지에 대해 의문을 제기하는 이들이 적잖다. 왜냐하면 '개선'은 현 지배구조에 문제가 있다는 사실을 전제로 하고 있기 때문이다. 지금의 구조가 선진적이지 못하고 봉건적인 구조를 갖고 있는 것으로 비친다. 기업을 비판하는 입장에선 대중을 오도하거나 자신의 입맛대로 조정하기에 딱 좋은 슬로건이 아닐 수 없다.

이제 '지배구조 개선' 논리를 삼성에 대입해 보자.

공정위는 삼성의 소유-지배 괴리도가 심각하고 계열금융사의 돈을 이용해 총수일가의 경영권을 유지하는 데 이용하고 있다고 지적한다.

2005년 7월 12일 공정위 발표에 따르면, 이건희 회장을 비롯한 총수일가는 4.4%의 지분으로 31.1%의 의결권을 행사해 26.7%포인트의 괴리도를 갖고 있는 것으로 나타났다. 즉 4.4%의 지분만큼만 의결권을 행사하는 것이 아니라 계열사 간 순환출자구조를 이용해 26.7%의 간접지배력(공정위 표현대로라면 '가공 의결권')을 행사하는 것이 문제라는 요지였다.

공정위는 여기에 '의결권 승수'라는 개념까지 도입했다. 의결권 승수는 의결지분율을 소유지분율로 나눈 값으로, 수치가 클수록 지분에 비해 많은 의결권을 행사한다는 것을 의미한다. 즉 '소유-지배구조 왜곡이 심각하다'는 뜻이라고 공정위측은 설명했다.

이 방식대로 삼성의 의결권 승수를 계산해 보면 7.06이 나온다. 이른바 1주로 7주의 영향력을 행사하는 효과를 내고 있다는 것이다. 공정위는 바로 이런 점이 삼성을 비롯한 국내 대기업 지배구조의 문제라고 질타한다. 공정위 조사결과, 자산규모 2조 원 이상 그룹들의 평균 의결권 승수는 6.78, 소유-지배의 평균 괴리도는 40.3%포인트에 달했다.

하지만 이 같은 양상에 대해 상법상 '1주=1표'의 원칙을 위반한 것이라고 단정하는 사람들은 하나는 알고, 둘은 모르는 격이다. 분명 1주는 1표의 효과밖에 갖지 못한다. 하지만 회사의 모든 결정을 주주들 간의 투표로 결정할 수는 없다. 주주들은 누군가에게 경영을 맡긴다. 경영자는 대주주가 될 수도 있고, 반대로 1주도 갖고 있지 않은 전문가가 될 수도 있다. 어쨌든 주주들은 자신의 권한을 위임한 경영자를 통해 자신의 이익을 극대화하려 한다. 그것이 주식회사제도의 본질이다. 만약 경영자의 능력에 문제가 있다거나 성과가 미흡하다고 판단되면 언제든지 주주총회를 열어서 경영진과 표대결을 펼칠 수 있다.

하지만 경영자는 자신이 자리를 지키고 있는 이상 경영에 전권을 행사한다. 마치 단 1표 차이로 대통령에 당선됐다고 하더라도 100%의 권력을 행사하는 것과 비슷한 이치다. 우리는 이런 정치구조를 비민주적이라고 결코 얘기하지 않는다.

그런데도 의결권 승수라는 개념은 경제 민주화와 주주 간 평등이라는 그럴싸한 명분을 내세워 사람들로 하여금 주식민주주의의 실행 방식을 오해하게 만들고 있다. 4%의 지분밖에 갖고 있지 않은 이건희 회장이 대한민국 최고의 기업인 삼성그룹을 쥐락펴락하고 있다고 공격함으로써 삼성의 지배구조가 대단히 비민주적이라고 현혹하는 것이다.

성공에 대한 처벌인가

그렇다면 삼성전자를 중심으로 이건희 회장의 지배구조를 다시 한번 들여다보자.

2004년 말 기준으로 삼성전자의 총자산은 135조 원. 이 회장의 개인지분은 1.9%다. 삼성의 지배구조를 공격하는 측에선 이 회장이 고작 2%의 의결권만 갖고 있다는 사실을 의도적으로 부각시킨다. 하지만 이 회장이 135조 원짜리 거대기업을 불과 2%의 지분으로 사들였다고 생각한다면 그것은 대단히 곤란하다. 그것은 대중 앞에서 공격효과를 극대화할 수 있는 포인트는 될지언정, 진실은 아니기 때문이다.

1985년 이 회장이 보유하고 있는 삼성전자 지분은 8%였다. 그 이듬해에는 7%로 낮아지고 해마다 조금씩 줄어들어 오늘에 이르렀다. 이 회장의 지분이 계속 감소한 이유는 도중에 지분을 팔아 현금화했기 때문이 아니다. 기업을 키우기 위해 증자를 실시하고 막대한 투자비를 조달하기 위해 해외에서 증권을 발행한 결과로 나타난 것이다.

이 회장은 지분하락을 감수하면서 자본을 조달해 왔고 그동안 삼성전자는 국내 최고기업으로 성장했다. 그런데 이제 와서 이 회장이 현저하게 낮은 지분으로 거대기업을 지배하고 있다고 비난한다면 이는 완전히 본말이 전도된 것이다. 기업을 성장시킨 데 따른 칭찬과 후한 보상은 하지 않는다 하더라도 민주-반민주의 어설픈 구도를 끌어들여 독재를 하고 있다고 손가락질을 하면 되는가 말이다. 여기에다 의결권 승수나 소유-지배 괴리도를 기준으로 기업을 규제하는 나라는, 단언컨대 전세계 어느 곳에도 없다.

사실 경영자의 지분율이 낮다는 이유로 당사자와 해당 기업을 규제하기로 마음먹는다면 앞으로 누가 창업을 해서 기업을 키우겠는가. '경제민주화'는 달성할지 모르지만 창업을 하겠다는 의욕이나 모험을 감수하며 불가능에 도전하겠다는 기업가정신은 그대로 말라죽을 수밖에 없다.

만약 삼성전자가 20년 전처럼 소니나 마쓰시타 근처에는 얼씬도 하지 못하고 국내에선 금성사(현 LG전자)에까지 밀리던 모습을 지금도 그대로 유지하고 있다면, 아마 이처럼 불쾌한 대접도 받지 않았을 것이다. 과거 고도성장을 위해 자본의 응집력을 극대화해 나갔던 기업의 성장사를 깡그리 무시한 채 결과만을 놓고 의결권 규제를 하겠다고 달려드는 일은 없었을 것이라는 얘기다.

이 회장 입장에선 결국 성공을 처벌당하는 상황에 처한 것과 하등 다를 것이 없다고 봐야 한다.

순환출자구조를 둘러싼 논란

그래도 비판론자들은 공격의 고삐를 늦추지 않는다. 지배구조의 고리 역할을 하고 있는 순환출자구조가 너무도 위험하다는 것. 삼성이 에버랜드-생명-전자-카드-에버랜드로 이어지는 도넛형 출자구조를 갖고 있다는 것은 익히 알려진 사실이다.

이 구조에 대한 공격 포인트는 두 가지다. 하나는 순환출자구조 자체가 위험하다는 것이고, 나머지 하나는 금융사를 매개로 한 구조를 유지하고 있다는 점이다.

먼저 첫번째 문제부터 살펴보자. 강철규 공정거래위원장은 얼마 전 한 조찬모임에서 "순환출자로 만들어지는 가공 의결권은 그 자체가 시장경제원칙에 반하는 것으로 여타 주주의 의결권을 침해해 사유재산권을 훼손시킨다"며 "이는 또한 공정한 시장경쟁을 저해하고 계열사들의 동반 부실화를 야기해 국민경제의 시스템 리스크를 증대시킨다"고 지적했다. 강 위원장은 나아가 과도한 순환출자는 여러 가지 폐해를 수반하는 불공정행위라고까지 주장했다.

강 위원장의 얘기는 옛 대우그룹 등의 사례로 볼 때 분명 타당성이 있어 보인다. '시스템 리스크'의 발발 개연성도 부인하기 어렵다. 하지만 순환출자구조에 문제가 있다는 것과 이를 인위적으로 바꾸라는 것은 엄연히 구분해서 봐야 한다.

계열사 간 순환출자는 일제 강점기 시대와 1950년 한국전쟁을 거치면서 근대적 자본을 축적할 기회가 없었던 한국기업들에게 단기간에 자본을 증폭시키고 위험을 분산시키는 효과를 가져다주었다. 제한된 투자재원으로 기업을 확장할 수 있는 유력한 방편 중 하나였다는 얘기다. 몇 년 전 지주회사체제로 전환한 LG를 제외한 나머지 대부분의 그룹들이 삼성과 비슷한 순환출자구조를 갖고 있는 것은 결코 우연이 아니다. 한국기업들의 이런 구조는 한때 미국 하버드 대학교의 연구항목에 편입되기도 했다.

그런데 이제 와서 순환출자를 모든 악의 근원으로 지목한다면 차라리 "당신은 왜 처음부터 자본을 넉넉하게 준비하지 않은 채 사업에 뛰어들었느냐?"고 공격하는 것과 다를 바가 없다. "왜 당신은 처음부터 원천기술을 준비하지 않았으며, 왜 특급 엔지니어들을 제대로 양성하지 않은 채 사업을 확장했느냐?"고 따지는 것과 조금도 차이가 없다.

동부그룹의 경우 중동건설 사업을 통해 번 돈으로 보험사업에 진출했고, 그 보험사가 반도체 설립을 주도했다. 옛 현대그룹 역시 건설로 일어서 중공업과 자동차·금융으로 내달렸다. 정부가 이런 과정에 처음부터 개입해 순환출자를 '가공자본 증식'으로 비판하고 제어했다면 오늘날과 같은 경제성장은 어려웠을 게 분명하다.

삼성주주, 카드증자 용인

시스템 리스크 증대 우려에 대해서도 한 마디 하지 않을 수 없다. 어느 계열사의 부실이든 그룹 내 다른 계열사들에게 타격을 줄 가능성은 적지 않다. 그룹경영 체제를 유지하고 있는 국내 대기업들에겐 특히 그렇다. 하지만 엄밀하게 보면, 같은 그룹이라고 하더라도 계열사들의 주주는 제각기 다르다.

만약 순환출자구조 속에 있는 어떤 기업이 도산한다면 해당 기업의 주주들과 경영자들이 책임을 지면 된다. 그로 인해 순환출자구조가 끊어진다면 그 또한 어쩔 수 없는 일이다.

일각에선 순환출자구조를 유지하기 위해 우량 계열사들을 동원할 가능성을 내세우고 있지만, 그것은 우량 계열사 주주들이 판단할 문제다. 만약 부당지원이라고 판단되면 주주들은 경영진에 대한 지지와 신뢰를 얼마든지 거둬들일 수 있다.

그 생생한 사례가 몇 년 전 발생한 LG카드와 삼성카드 부실사태다. LG의 경우―비록 순환출자구조가 아니었지만―LG카드의 대주주였던 LG전자와 LG화학은 정부와 채권단의 증자압력을 거부했다. 자사 주주들이 반대한다는 이유에서였다. 그것으로 끝이었다. 주식회사제도의 유한책임 원칙, 즉 출자한 금액에 한해서만 책임을 지는 원칙은 법과 제도가 보장하고 있는 것이었다. 하지만 부실사업으로 판명돼도 청산도 마음대로 하지 못하는 세상이었다. 구본무 LG그룹 회장은 LG카드의 주요 주주가 아니었지만 경영에 최종 책임을 지라는 정부의 압력에 결국 굴복해 8,000억 원 상당의 사재를 출연해야 했다. LG카드 사태로 LG는 카드·증권 등의 금융계열사들을 모조리 시장에 내놓았고 그룹과 금융사 간의 출자관계는 종결됐다.

그 비슷한 일이 삼성카드에서도 벌어졌다. 삼성카드 역시 부실화로 인해 대규모 증자를 해야 할 상황에 봉착했다. 하지만 LG와 달리 카드의 주주사였던 삼성전자는 증자에 참여했다. 이를 놓고 순환식 출자구조에 따른 시스템 리스크가 마침내 현실화된 것이라고 말할 수는 있다. 그러나 삼성전자 주주들은 이를 용인했다. 삼성전자가 내는 수익력에 비해 부담이 크지 않았을 뿐 아니라 삼성그룹 정도의 규모라면 금융시장 안정을 위해 책임을 지라는 금융당국의 요청을 수용해야 할 상황이라고 봤기 때문이다.

일부 시민단체는 이에 대해 삼성이 순환출자구조를 유지하기 위해 우량 계열사를 동원했다고 하지만 사실 카드가 보유하고 있는 에버랜드 지분은 그다지 크지 않다. 25.6%밖에 되지 않는다.

반면 이재용 삼성전자 상무 등 총수일가들이 소유하고 있는 에버랜드 지분은 50%를 훨씬 웃돈다. 삼성카드 하나쯤 포기한다고 해서 지배구조가 흔들리는 것이 아니라는 얘기다. 결국 삼성전자가 카드 증자에 나선 것은 순환출자구조 때문이 아니라 주주사로서 경영에 책임을 지라는 사회적 요구를 수용한 것에 다름 아니다. LG와 달리 유한책임의 고전적인 원칙은 입 밖에도 꺼내지 않았다.

만약 삼성전자가 수익을 제대로 못 내는 그저 그런 수준이었다면 삼성카드의 부실은 고스란히 금융시장의 부담으로 떠넘겨졌을 것이다. 결과론이긴 하지만 금융당국자들에겐 삼성의 지배구조가 정말 다행스러웠을 수도 있다.

03 금융-산업 분리의 덫

성장사와 따로 노는 율법

이제는 삼성지배구조를 규제하고 있는 금융산업구조개선에관한법률(일명 금산법)과 공정거래법상 금융사의 의결권제한 규정(제11조)을 들여다볼 차례다.

1997년 제정된 금산법에는 금융기관의 구조조정을 촉진하기 위한 취지와는 동떨어진 엉뚱한 조항이 하나 있었다. 이른바 금산법 제24조라는 것인데, 대기업집단(일명 재벌) 내 금융사가 비금융 계열사 지분을 5% 이상 취득할 경우에는 금융당국의 사전 승인을 거치도록 하는 내용이었다. 대기업의 지배관계를 규율하는 법령들은 대부분 공정거래법이나 지주회사법 등인데, 금융관련법에 이런 조항이 들어간 것은 의외였다.

어쨌든 법안 제목만 보고 자신과는 관계없는 법이라며 세세하게 읽지 않았던 기업들은 그로부터 7년이 지난 2004년, 정부의 일제조사에 걸려

들었다. 삼성을 비롯해 현대자동차·동부·동양·태광 그룹 등 13개 기업이 금산법을 위반한 것으로 지목됐다. 이들 그룹은 법제정 이후 계열금융사가 한도(5%)를 초과해 비금융사 지분을 갖고 있는 것으로 드러났다. 하지만 같은 시기에 적발된 기업이라고 해서 모두 비슷한 처지에 놓인 것은 아니었다. 다른 기업들은 초과지분을 처분하더라도 지배구조에 별다른 영향이 없었지만 삼성은 달랐다.

'에버랜드-생명-전자-카드-에버랜드'로 이어지는 순환출자구조를 갖고 있는 삼성에서는 생명이 갖고 있는 전자 지분(7.2%)과 카드가 보유하고 있는 에버랜드 지분(25.6%) 모두가 금산법 위반 논란에 휩싸였다. 특히 생명의 전자 지분은 금산법 시행 이전에 취득한 것이었지만 참여연대와 열린우리당 박영선 의원 등은 법률을 소급적용해 한도초과분을 처분해야 한다고 주장했다. 이는 금산법의 소급입법에 대한 위헌 논쟁으로 이어졌고, 여기에 삼성공화국론이 덧씌워지면서 정부의 '삼성 봐주기' 논란으로까지 이어졌다.

금산법 논란을 통해 우리가 생각해 봐야 할 점은 '금융과 산업을 어느 선까지 분리해야 하는가'라는 해묵은 논쟁, 그리고 과연 기업활동은 어디까지 규제를 받아야 하느냐에 대한 것이다.

먼저 산업자본과 금융자본을 분리해야 한다는 논리부터 살펴보자. 이 논리는 전통적으로 은행업에 적용돼 온 것이었다. 중앙은행으로부터 대출을 받고 고객의 예금으로 신용을 창출하는 은행업은 이미 오래 전부터 금융당국의 승인을 받아야 하는 일종의 '면허업'이었다.

은행업이 거시경제에 미치는 영향이 지대할 뿐 아니라 시장질서를 떠받치는 공익적인 성격이 강했기 때문에 대부분의 국가들은 은행에 대한 진입장벽을 치고 관리감독을 강화하고 있다. 미국이 산업자본의 은행지배를 강력하게 규제하고 있는 것이나 우리나라가 대기업의 은행지분 취득을 엄격하게 차단하고 있는 것 등은 이 같은 배경에서 비롯된 것이다. 기업 본연의 이익추구 활동이 은행업의 공공적인 성격과 충돌할 수 있다고 본 것이다. 하지만 금산법에서 야기된 산업-금융 분리논란은 은행업 뿐 아니라 보험·증권 등 금융 전반에까지 확대되고 있는 양상이다.

예를 들어 삼성그룹의 경우 생명이나 카드와 같은 금융사들이 전자나 에버랜드와 같은 비금융사를 지배하는 것이 온당하느냐에 대한 쟁점들이 제기되고 있다.

비은행업에 대해서도 산업-금융 분리원칙 적용이 타당하다고 주장하는 이들은 "금융사들이 재벌기업의 사금고로 이용될 소지가 있다", "고객의 돈을 이용해 총수의 경영권을 방어한다" 등의 전통적인 논리를 내세우고 있다. 물론 어디까지나 가능성을 언급한 것이다.

과거 이 같은 논리가 설득력을 얻어 금산법 제24조와 같은 조항이 탄생했고, 2005년부터 시행되고 있는 공정거래법 개정안 역시 동일계열 내 금융사가 갖고 있는 비금융사 지분에 대한 의결권 총량을 단계적으로 낮추도록 만들어진 것이다.

하지만 삼성을 비롯한 대부분의 기업들이 소속 금융사로 하여금 비금융사에 출자를 하게 된 것은 규제론자들이 우려하는 대로 계열사에 대한 총수의 영향력 확대를 위한 것이 아니라 1970년대 이후 제조업 중심의 사업구조를 고도화하고, 좀더 용이한 자금조달을 위해 사업영역을 금융업으로 다각화한 데서 비롯된 것이다.

삼성생명만 해도 전자 지분을 취득한 것은 1980년대 초의 일로, 당시 산업이나 금융의 사업기반이 워낙 척박했던 탓에 산업-금융 분리를 논의할 계제가 아니었다. 삼성은 제당과 섬유, 무역으로 번 돈을 금융업에 투자했고, 이 여세를 몰아 전자사업을 일구었다.

한편으론 산업자본이 계속 성장하는 동안 국내 금융자본은 관치금융의 폐해에 시달리며 영세성을 면치 못했다. 보험이나 증권 같은 금융업은 산업자본의 지원 없이는 원천적으로 성장이 불가능했다. 이 같은 기업성장의 전후관계를 도외시한 채 산업-금융 분리원칙을 제2금융권까지 적용하겠다는 것이 금산법 논쟁의 출발점이다. 기업 입장에선 중세의 답답한 율법주의와 하등 다를 것이 없는 양상이다.

게다가 현실에서 산업-금융 분리원칙이 지켜진 결과는 너무도 참혹했다. 산업-금융 분리의 바로미터인 은행업은 1997년 외환위기 이후 금융시장이 개방되자마자 모조리 외국계 수중에 떨어지거나 공적 자금에 신세를 지는 신세로 전락했다. 이제 산업-금융 분리원칙이 다른 금융영역으로 확산될 경우, 즉 산업자본이 금융업에서 완전히 손을 떼게 될 경우 과연 누가 제2금융권을 지배할 것인가. 또 국내에서 순수 금융업을 영위할 수 있는 기업이 도대체 몇 개나 될 것인가.

'율법주의자' 들이 주장하는 것처럼 만약 대기업 금융사가 재벌 총수의 사적 이익을 위한 기능을 했다면 당연히 시장의 심판을 받았을 것이다. 고객재산을 제 주머닛돈 꺼내듯이 한다면 누가 돈을 맡기겠는가. 그러나 '원칙론자' 들에겐 대단히 아쉬운 일이지만, 삼성생명과 삼성화재는 국내에서 외국계 금융사와의 치열한 경쟁 속에서도 시장점유율 1위 자리를 지키고 있다. 자신의 돈을 엉뚱한 곳에 유용하지 않을 것이라는 고객의 신뢰가 아주 강하게 형성돼 있다는 얘기다.

결론적으로 규제의 개별적인 당위성이 아무리 강하다고 하더라도 그 규제가 현실적인 여건, 나아가 한국경제 전체를 조망하는 비전과 제대로 연결되지 못할 경우 자유방임보다 훨씬 폐해가 클 수도 있다는 것이 그

동안의 경험이었다. 금산법 역시 그런 경계로부터 자유로울 수 있을까.

담배에 빗댄 법률소급 논쟁

삼성생명은 금산법이 시행되기 직전에 8.6%의 전자 주식을 소유하고 있었다. 지금은 그 지분이 7.2%까지 떨어진 상태다.

앞서 밝혔듯이 참여연대와 일부 정치권 인사들은 법 시행 이전에 보유하고 있는 주식이라 하더라도 법률상 소유한도인 5%를 초과해 보유하고 있는 지분은 처분해야 한다는 입장을 고수하고 있다. 생명의 전자지분과 법 시행 이후에 카드가 소유한 에버랜드 지분에 모두 금산법을 적용해야 한다는 것이다. 이들은 이런 법적용이 결코 소급입법이 아니라고 강변한다. 과거에 취득한 주식도 계속 보유하고 있는 한 위법상태가 유지되는 것이며, 이에 대한 처분명령은 현재의 위법상태를 시정하기 위한 것이기 때문에 소급이 아니라는 것이다.

참여연대 최한수 경제개혁팀장은 2005년 9월 어느 인터넷 언론에 기고한 글을 통해 다음과 같은 논리를 전개했다.

"예를 들어보자. 학교 앞 500m 지점에 담배자판기를 설치해 놓고 영업을 하고 있는 사람이 있다고 하자. 그런데 어느 날 정부가 법을 만들어 학교 앞 500m 범위 안에는 담배자판기의 설치를 금지하는 법을 만들어 자판기를 철수해야 한다는 명령을 내렸다. 이것이 소급입법인가? 금산법에 대한 정부의 논리대로라면 소급입법이다. 하지만 헌법재판소는 소급입법이 아니라고 한다. 학교 앞 담배자판기 설치 금지법은 기존의 담배자판기 업자로부터 그가 이미 얻은 수익을 환수하거나 기존의 영업행위를 처벌하자는 것이 아니라, 앞으로도 계속 학교 앞에서 담배자판기 영업을 계속할 수 있도록 허용할 것인가의 문제이기 때문이다. 금산법도 마찬가지다. 만약 금산법을 개정해 과거에 이뤄진 삼성생명이나 삼성카드의 계열사 지분 매입을 무효로 돌린다면 소급입법이겠지만, 그 지분의 보유를 앞으로도 계속 허용할 것인가는 소급입법의 문제가 아니다."

최 팀장이 사례로 든 담배자판기 문제는 실제 있었던 일이다. 몇 년 전 부천시가 같은 내용의 조례를 공표했다가 자판기 업자로부터 헌법소원을 당한 적이 있다. 당시 헌법재판소는 "담배자판기 금지조례가 과거를 규율하는 것이 아니라 현재 상태에서 설치를 금지하고 있는 것이고, 학교 앞에 담배자판기를 철거해야 할 공익이 대단히 중요하다"는 이유에서 헌법소원을 기각했다.

그러나 법 시행 이전에 취득한 주식을 강제 처분하라는 명령이 소급입법에 해당한다는 주장을 펴고 있는 재정경제부나 삼성은 이 사례가 금산법과는 성격이 다르다는 논리를 펴고 있다.

이들은 금산법 제24조의 본질이 보유금지 조항이 아니라 "동일계열 금융사가 계열관계에 있는 비금융사 주식을 취득하고자 하는 경우에는 승인을 얻어 취득하라"는 절차를 규정하고 있는 조항으로 해석하고 있다.

만약 취득 자체를 금지한 것이라면 참여연대의 논리가 맞을 수 있지만 제24조의 조항은 '취득하기 전에 승인을 얻어라' 라는 것이기 때문에 법률 적용대상은 금융사를 통해 새로운 지배구조가 생기는 경우라고 강조하고 있다. 2005년 6월 국회 재경위의 법안검토보고서 역시 이 같은 논리에 따라 강제처분명령 소급은 위헌소지가 있다고 결론을 내린 적이 있다.

그리고 금산법이 만들어졌다고 해서 과거에 이뤄진 주식취득이 위법이라고 볼 수도 없다. 상식적으로 미래의 규제를 미리 예측해 상거래를 할 수 없을 뿐 아니라 생명의 전자 주식 취득은 그 자체로 완결된 행위이기 때문이다.

필자도 한번 예를 들어보겠다.

가령 2006년부터 담배를 피우려면 보건당국의 허가를 얻어서 피우라는 법이 시행된다고 치자. 그러면 2006년 이전에 담배를 피운 사람에 대해 어떤 처벌을 할 수 있는가. 그 행위를 무효로 돌릴 수 있는가 말이다. 그렇지 않다. 법을 지키려면 허가를 얻어야 하는데, 과거에 완료된 행위를 현재 시점에서 어떻게 허가를 얻나.

여기에다 카드가 보유하고 있는 에버랜드 주식은 이미 공정거래법 제11조에 의해 의결권을 상실하고 있는 주식이다. 공정거래법은 금융사가 동일계열 내 비상장·비금융사를 지배하고 있는 경우 원천적으로 의결권을 제한하고 있다. 따라서 카드의 경우만 놓고 본다면 금산법과 공정거래법에 의해 이중으로 규제를 받고 있는 셈이다.

또한 '금융기관을 통한 지배력 확장 방지'라는 금산법 입법취지에 비춰볼 때 의결권 제한만으로 법익을 충분히 달성할 수 있는데도 굳이 강제로 처분하라는 명령을 내리는 것은, 법적 신뢰를 손상하고 헌법상 '과잉금지의 원칙'에도 위배된다고 볼 수 있다. 정부가 '삼성 봐주기'라는 거센 비판에 직면해서도 소급입법 주장을 굽히지 않고 있는 것은 이 같은 법률적 검토를 거친 데 따른 것이다.

결론적으로 참여연대가 사례로 적시한 담배자판기 설치조례는 번지수를 잘못 찾은 경우라고 할 수 있겠다.

삼성의 10만 양병론

헌법소원 왜 냈나

삼성이 2005년 6월 제기한 헌법소원은 금융사의 의결권 제한을 규정하고 있는 공정거래법 제11조를 향한 것이다. 이 법의 내용은 일반인들이 선뜻 이해하기 어려울 정도로 복잡한 구조를 갖고 있다.

한 마디로 요약하면 자산 2조 원 이상의 대기업 그룹에 속하는 금융계열사들은 다른 비금융계열사에 대한 의결권을 행사할 때 총량 규제를 받는다는 것이다. 즉 동일계열 내에서 특정 A사에 지분을 갖고 있는 금융사가 있다면 A사에 대한 동일계열의 전체 의결권을 일정 한도 이상 인정하지 않겠다는 것이다.

이 법령 역시 금산법과 마찬가지로 금융과 산업자본의 분리라는 원칙에 따라 마련된 것이다. 금산법 제24조와 다른 점은 금산법이 5% 보유한도를 적용하고 있는 반면 공정거래법은 실제 주식보유량에 관계없이 의결권의 상한선을 묶어두는 데 초점이 맞춰져 있다.

문제는 현행 공정거래법 제11조가 의결권 규제를 단계적으로 낮추고 있다는 데 있다. 2005년 기준으로 의결권 행사한도는 30%로 돼 있지만, 이를 해마다 5%포인트씩 낮춰 오는 2008년에는 15%로 낮추도록 하고 있다. 이 규제를 삼성전자에 그대로 적용하면 삼성이 이 문제를 얼마나 심각하게 받아들이는지 알 수 있다.

2005년 10월 말 기준으로 삼성전자의 내부지분을 살펴보면 △생명 7.3% △물산 4.0% △이건희 회장 및 가족 3.3% △화재 1.3% △기타 임직원 0.2% 등 16.1%에 이른다. 여기에 비록 의결권이 없긴 하지만 11.6%의 자사주를 갖고 있다. 결국 유사시에 삼성이 동원할 수 있는 내부지분의 총량은 27% 정도에 불과하다는 얘기다. 이 상태에서 공정거래법 규제를 받는 대상은 생명과 화재가 갖고 있는 전자 지분이다. 그 자체로는 의결권이 규제되지 않지만 삼성전자의 다른 주주들과 연합해 의결권을 행사할 때는 총량 규제를 받는다.

생명과 화재의 전자 지분을 합친 규모는 8.6%. 오는 2008년에 의결권 총량규제선이 15%로 정해지면 현재 전자의 주요 주주인 물산이나 이건희 회장 등이 아무리 많은 주식을 사모아도 전체적으로 15% 이상의 의결권을 행사할 수가 없다. 거꾸로 생명과 화재가 전자 주식을 더 매집한다 하더라도 15%의 규제선을 결코 돌파할 수가 없다.

만약 삼성전자가 경영권 방어를 위해 보유 중인 자사주를 다른 계열사에 넘긴다 하더라도 이 규제는 피해갈 수 없다. 생명과 화재, 즉 금융사가 다른 비금융사 주식을 소유하고 있는 출자구조가 끊어지지 않는 이상, 영원히 피해갈 수 없는 규제가 공정거래법 제11조인 것이다. 결국 삼성전자는 유사시에 단지 15%의 의결권만으로 경영권을 방어해야 하는 딱한 처지에 내몰리게 되는 셈이다.

이 같은 상황에서 삼성이 헌법소원을 제기하고 나선 것은 당연한 일이라고 할 수 있다.

공정거래법 관련규정이 온존하는 한 외국자본에 의한 적대적 인수·합병 공격으로부터 경영권을 방어할 수단이 없다고 봤기 때문이다. 또한 생명과 화재를 중심으로 짜여져 있는 전자 지분구조가 무력화될 경우 그룹 전체 지배구조도 흔들릴 수밖에 없는 현실이다.

삼성은 헌법소원을 제기할 수 있는 근거로 재산권 침해를 첫손가락에 꼽고 있다. 주주에 대한 의결권 제한은 주식회사제도의 근간을 해치는 명백한 재산권 침해라는 것. 이어 외국인 투자자들이 보유하고 있는 주식에 대해 아무런 의결권 제한을 가하지 않음으로써 외국인에 의한 적대적 인수·합병의 길이 완전히 열려 있는 상황에서, 국내 기업의 의결권만 제한하는 것은 심각한 역차별이라는 논리를 펴고 있다.

사실 이런 논리대로 헌법소원을 제기했다면 삼성은 똑같은 이유로 금산법 제24조에 대해서도 헌법소원을 제기할 가능성이 높다. 다만, 아직 금산법 개정안이 확정되지 않았다는 점과 공정거래 관련법에 대한 소원 제기 결과가 나오지 않았다는 점 때문에 금산법 문제는 보류하고 있는 것으로 보인다.

외국인에 의한 경영권 공격 가능성

삼성의 지배구조를 비판하는 사람들은 삼성전자에 대한 경영권 공격을 우려하는 목소리에 대해 "삼성이 엄살을 떤다"고 일축하는 분위기다. 삼성전자처럼 시가총액이 70조 원을 넘나드는 기업에 대한 적대적 M&A가 현실적으로 불가능하다는 점에서다. 비록 외국인 보유지분이 50%를 넘고 있지만 모든 외국인이 연합할 가능성 또한 낮다고 주장한다. 하지만 당사자격인 삼성의 생각은 다르다.

인텔을 능가하는 폭발적인 수익력 자체가 M&A의 강력한 동기가 될 수 있다고 본다. 매수자 입장에서 보면 내부유보율이 높고 현금흐름이 뛰어난 기업일수록 적대적 M&A를 시도할 수 있는 최적의 조건이라는 것이다. 게다가 대다수 외국인 주주들은 삼성전자의 주가가 '코리아 디스카운트' 때문에 실적에 비해 저평가돼 있다고 생각하는 경향이 있다.

이 때문에 외국인으로는 가장 많은 9%의 지분을 갖고 있는 미국 캐피탈사의 경우 주가부양을 위해 몇 년 전 삼성전자의 본사를 뉴욕으로 옮기라는 요구를 한 적이 있고, 경영간섭의 교두보를 마련하기 위해 자사의 이사회에 삼성전자 최고경영진을 출석시켜줄 것을 요구하기도 했다.

시가총액이 높다는 이유로 경영권을 공격당할 가능성이 희박하다는 주장에 대해서도 M&A 전문가들은 고개를 젓는다. 현재 세계 금융시장을 휘젓는 헤지펀드 중에는 운용자산 규모가 1,000억 달러에 이르는 펀드들이 적지 않고 증권시장뿐 아니라 외환시장이나 상품시장을 주 무대로 활동하는 투기펀드의 규모를 감안하면 삼성전자의 시가총액은 그다지 높은 수준이 아니라는 것이다. 한때 SK그룹의 경영권을 공격했던 소버린 자산운용과 같은 펀드는 이들 대형펀드와 비교하면 군소 펀드에 불과하다는 것이 정설이다.

해외 주주들을 우호적 세력으로 유지하기 위해 분기마다 IR 활동을 펼치고 있는 삼성전자의 주우식 IR 팀장은 현 상황을 다음과 같이 진단했다.

"2000년 이후 호전되고 있는 삼성전자의 수익력 덕분에 비록 지금은 해외 투자가들이 우호세력임을 자처하고 있지만 상황 변화에 따라 언제든지 태도를 바꿀 수 있다고 봅니다. 예를 들어 주가 하락기에 본사를 해외로 옮기라거나 수익력이 좋은 사업부문을 중심으로 기업분할을 해달라는 요구를 해올 때를 상정해 봅시다. 우리가 무턱대고 거절할 경우 그들은 주가상승에 대한 확신만 있다면 언제든지 연합해 경영권을 공격할 가능성이 있습니다. 자본의 이해관계에 따라 오늘의 동지가 내일의 적이 되는 세상 아닙니까. 또한 삼성전자의 시가총액이 현 수준을 계속 유지한다는 보장도 없습니다. 지금은 분기별로 평균 2조 원 안팎의 안정적인 수익을 내고 있지만 세계 모든 전자업체가 삼성을 견제하고 나서는 상황에서 주변 여건이 우리 입맛대로 전개될 것이라고 장담하기는 어려워요. 만약 삼성전자의 수익력이 절반 수준으로 떨어질 경우 주가하락은 불가피하고 시가총액 역시 50조 원 밑으로 떨어지지 말라는 법이 없습니다."

그렇다면 삼성전자가 적대적 M&A에 노출되는 것을 전제로 삼성의 실현가능한 방어책을 점검해 보자.

가장 유력한 방안은 11.6%에 달하는 자사주를 우호세력에 넘기는 것이다. 이 경우 삼성이 동원할 수 있는 지분은 25%를 넘기 때문에 일단 한숨을 돌릴 수 있다. 하지만 주가 50만 원 수준을 가정했을 때 자사주의 가격은 7조 원 정도에 이른다. 국내에서 단기간에 이 정도의 자금을 동원할 수 있는 곳은 은행밖에 없다. LG나 현대자동차그룹 같은 경우도 조 단위의 자금을 한꺼번에 동원하는 것은 거의 불가능하다. 하지만 은행들이 삼성을 도와줄 수 있는 가능성은 많지 않다. 먼저 상당수의 은행들이 외국계 자본에 넘어가 있어 과연 믿고 맡길 수 있느냐의 문제가 생긴다. 또 공적 자금을 지원받은 국내 은행들은 정부의 방침이나 여론의 향배에 신경을 쓸 가능성이 높다. 만약 정부가 중립을 선언해 버리면 은행으로부터의 도움은 기대하기 어렵다. 설사 가능하다고 하더라도 경영권 방어책으로는 미봉에 불과하다.

자사주를 삼성의 다른 계열사들이 갖고 가는 방안은 가장 현실성이 낮다. 자사주가 계열사에 넘어가 의결권이 부활되는 순간 공정거래법 제11조가 작동해 규제 총량을 넘는 의결권을 자동 정지시킬 것이기 때문이다. 또한 상호출자 금지 규정을 피해 전자 주식을 사갈 만한 회사도 없다. 기존 주주인 물산이 아무리 큰 기업이라고 하더라도 조 단위의 자금을 마련하기는 버거운 여건이다.

그렇다고 이건희 회장 등 총수일가가 개인 돈을 털어 경영권 방어에 나설 수도 없다. 이들이 비록 많은 재산을 갖고 있다고는 하지만 거의 대부분 경영권 유지를 위해 보유하고 있는 계열사 주식들이다. 한 마디로 팔 수가 없다는 얘기다.

결국 유사시에 삼성이 할 수 있는 수단은 아무것도 없다고 봐야 한다. 감독당국은 공시규정 등을 강화해 경영권 방어를 위한 여유를 확보해 주겠다는 방침이지만 대개의 경영권 공격은 미처 대응할 틈을 주지 않고 전광석화처럼 이뤄진다는 사실을 우리는 소버린의 SK그룹 공격에서 분명히 목도한 바 있다.

삼성그룹의 핵심인사는 경제계의 검찰로 불리는 공정거래위원회에 미운털이 박히는 것을 감수하면서까지 헌법소원을 내게 된 배경을 필자에게 이렇게 털어놓은 적이 있다.

"삼성전자가 경영권을 공격받을 가능성이 거의 없다고 얘기하는 사람들에게 한번 물어보고 싶습니다. 전쟁이 날 가능성이 거의 없다는 이유로 국방비를 지출하지 않는 나라가 전세계에 한 곳이라도 있느냐고 말입니다. 적대적 M&A와 전쟁은 세 가지 점에서 닮았습니다. 하나는 가능성이 낮다는 것, 또 하나는 만약 현실화될 경우 치명적이라는 것, 마지막으로 발발 가능성에 철저하게 대비해야 한다는 것입니다. 임진왜란 이전에 율곡 이이 선생이 '10만 양병설'을 주창했을 때 아무도 귀 기울여 듣지 않았던 결과가 과연 어땠습니까? 우리 입장에선 최악의 경우를 생각하지 않을 수 없습니다. 죽을힘을 다해 키운 회사를 지금껏 기업 발전에 아무런 기여도 하지 않는 사람들에게 빼앗길 수는 없습니다. 타인들에겐 그저 한가한 추측에 그칠지도 모르겠지만 삼성에겐 정말 절박한 문제입니다."

이 얘기가 나온 것은 2005년 7월 비보도를 전제로 필자와 단독으로 만난 자리에서였다. 이 인사는 보도의 굴레를 벗어나서였는지 상당히 강한 어조로 경영권 방어의 당위성을 역설했다.

"아니 헌법소원 낸 것을 갖고 '삼성이 국가공권력에 도전한다'는 얘기를 하는 사람들이 있는데, 헌법상의 권리를 행사하는 것도 공권력에 대한 도전이라고 할 수 있습니까? 우리도 나름대로 많은 방안을 찾아봤습니다. 그런데 도대체 방법이 없어요. 그렇다면 기업이 할 수 있는 최후의 방법은 법에 호소하는 수밖에 없습니다. 기업의 정상적인 의결권을 제약하는 것은 부당한 것 아니냐…. 그렇게라도 매달려보는 것이죠."

05
참여연대,
기습전을 펴다

놀이공원과 금융지주회사

"당신들은 도대체 뭐하는 사람들이야?"

2004년 4월 8일, 태평로 삼성본관 27층에 자리잡은 구조조정본부 회의실. 이학수 본부장의 불호령이 떨어지고 있었다.

"아니, 에버랜드더러 금융지주회사라고 하는데 지금껏 그런 것도 보고 하지 않고 뭣들을 하고 있었던 거야?"

이 본부장은 무척 화가 나 있었다. 매사를 확실하게 파악하고 마무리 짓는 것을 중시하는 그의 표정엔 짙은 당혹감과 함께 참모들에 대한 강한 불만이 서려 있었다. 참여연대가 "삼성에버랜드는 규제받지 않고 있는 금융지주회사"라는 '사실'을 공개한 다음날 아침이었다.

참여연대의 발표가 있기 전까지 이 본부장은 물론 삼성그룹 내 어느 누구도 에버랜드가 금융지주회사의 요건을 갖출 것이라고 생각한 사람은 없었다. 그 가능성조차 거론된 적이 없었다. 하지만 참여연대의 '폭로' 가 있고 난 뒤 관련법령을 뒤져봤더니 과연 에버랜드는 금융지주회사의 형식적 요건을 갖추고 있었다.

이는 삼성그룹에 실로 심각한 문제였다. 현행 금융지주회사법에 따르면, 금융지주회사는 금융업만 해야 한다. 여기에다 자사는 물론 자회사가 보유하고 있는 비금융사 주식을 모두 처분해야 한다. 한 마디로 금융과 관계없는 사업이나 출자는 불가능하다.

그런데 에버랜드는 지금까지 한 번도 금융업을 해본 적이 없다. 놀이공원과 골프장을 운영하고 학교나 기업을 대상으로 단체급식 사업이나 있던 터에 앞으로 금융업만 해야 한다고 하니 그 황당함을 충분히 짐작하고도 남는다. 여기에다 에버랜드의 자회사인 생명은 전자 보유지분을 모두 매각해야 할 상황에 내몰렸다. 생명이 전자 주식을 내다팔면 전자 경영권 방어에 문제가 생기는 것은 물론, 그룹 전체의 지배구조에 균열이 생길 수밖에 없다.

'관리'의 대명사로 불리는 삼성으로서는 이처럼 중대한 사안을 시민단체의 공개로 뒤늦게 알아차린 사실이 못내 쓰라렸을 것이다.

이학수 본부장이 그해 8월 대검 수사기획관 출신으로 법조계에 신망이 두터웠던 이종왕씨를 법무실 사장으로 영입하고 변호사 인력을 대거 받아들인 것은 이때의 충격이 워낙 컸기 때문이다. 그 동안 규제 리스크에 너무 안이하게 대응했다는 판단에 따른 것이다.

전자 주가에 발목 잡힌 에버랜드

그렇다면 당시 에버랜드는 왜 금융지주회사가 된 것일까.

공정거래법에 따르면 자산총액이 1,000억 원 이상인 기업 가운데 총자산에서 금융계열사의 주식총액이 차지하는 비중이 50%를 넘으면 금융지주회사로 규정된다.

참여연대에 따르면, 2003년 말 기준으로 에버랜드가 보유하고 있는 삼성생명 주식 386만 주(지분율 19.3%)의 평가액은 1조 7,377억 원으로 자산총액인 3조 1,749억 원의 55%에 달하는 것으로 나타났다. 에버랜드는 이처럼 금융지주회사 성립요건을 충족하고도 금감위의 인가를 받지 않아 금융지주회사법을 위반했다는 것이 참여연대의 주장이었다.

삼성이 이 같은 상황을 미처 알아채지 못한 것은 생명의 주식가치가 지분법 평가에 따라, 생명이 보유한 전자의 주가에 연동돼 있었기 때문이다. 즉 전자 주가가 오르면 생명의 주가가 오르고, 이것이 에버랜드의 금융지주회사 여부에 영향을 미치는 가변적인 구조였다는 얘기다.

삼성 관계자는 "에버랜드를 금융지주회사로 만들 계획이나 의도가 전혀 없는 상황에서 삼성전자의 주가상승으로 갑자기 이런 문제가 불거졌다"며 "전자 주가의 움직임이 그룹 지배구조에 영향을 준다는 사실을 그때 처음 알았다"고 토로했다.

어쨌든 삼성은 에버랜드가 금융지주회사 규제를 받는 것을 수수방관할 수는 없었다. 규제를 피하려면 '생명주식 평가액(분자)/에버랜드 자산총계(분모)'를 50% 이하로 낮춰야 했다.

따라서 구체적인 방안은 △에버랜드의 자산을 늘리거나 △에버랜드가 보유하고 있는 생명 주식 일부(또는 전부)를 처분하거나 △생명이 보유하고 있는 전자 주식 일부(또는 전부)를 내다파는 것이었다.

하지만 세 가지 방안 모두 비현실적이었다. 단기적으로 에버랜드의 자산을 늘리는 방법은 필요하지도 않은 차입을 확대하는 것이었는데, 이는 너무나 무모한 일이었다. 만약 가능하다고 해도 전자 주가의 상승으로 인한 '분자'의 증가분이 빚이 늘어나는 데 따른 '분모'의 증가분을 상쇄해 버리면 아무런 소용이 없었다. 2003년 말 당시 전자 주가는 45만 원대를 유지하고 있었지만 만약 이 주가가 100만 원에 도달하면 에버랜드는 금융지주회사 규제를 피하기 위해 그야말로 천문학적인 빚을 억지로 끌어다 써야 할 판이었다.

그렇다고 생명이나 전자 주식을 처분하는 일은 에버랜드의 자산을 인위적으로 늘리는 방안보다 더 위험하고 타당성이 없었다. 금융지주회사 규제를 피하기 위한 첫번째 목적이 현행 지배구조의 유지를 위한 것이었고 에버랜드-생명-전자로 이어지는 출자구조는 지배구조 안정의 핵심 고리였기 때문이다.

결국 방법이 없었다. 삼성의 고민은 갈수록 깊어졌다. 정부와 시민단체의 일부 관계자들은 삼성이 금융지주회사법을 의도적으로 무시한다며 강력한 제재를 가해야 한다고 주장했다.

06
손자가 할아버지의 DNA를 바꿀 수 있나?

삼성의 묘책

참여연대의 발표가 있고 난 지 1년 뒤 삼성은 마침내 하나의 묘책을 찾아 냈다. 그것은 회계기준의 변경이었다.

에버랜드는 2005년 5월 16일 제출한 1분기 보고서를 통해 자사가 보유하고 있는 생명 지분 19.3%에 대해 지분법 대신 원가법을 적용하기로 했다고 발표했다.

생명의 주식가치를 평가할 때 자회사(전자) 실적에 따라 가치가 늘어나거나 줄어드는 지분법 대신 주식가치가 고정되는 원가법을 적용하겠다는 것이었다. 이렇게 되면 앞서 인용했던 분자/분모 구조에서 분자가 고정되는 효과가 발생한다. 에버랜드는 이에 따라 생명의 주식평가액을 2004년 결산기준으로 1조 6,830억 원으로 고정했다. 결국 에버랜드의 자산총계(분모)가 급격하게 감소하지 않는 한 금융지주회사 규제로부터 벗어날 수 있는 길을 마련하게 됐다.

삼성의 회계기준 변경은 금융당국이 정해놓은 '기업회계기준서 제15호'에 근거한 것이었다.

이 규정에 따르면 피투자회사(생명)에 대한 투자회사(에버랜드)의 지분율이 20% 미만이면 지분법 대신 원가법을 적용해도 된다. 에버랜드의 생명 지분이 19.3%인 만큼 원가법을 채용해도 아무런 문제가 없다.

하지만 지분요건만 충족한다고 지분법 적용대상에서 벗어나는 것은 아니다. 이 규정은 △투자회사가 피투자회사의 이사회 또는 이에 준하는 의사결정기구에서 의결권을 행사할 수 있는 경우 △투자회사가 피투자회사의 재무정책과 영업정책에 관한 의사결정 과정에 참여할 수 있는 경우 △투자회사가 피투자회사의 임원 선임에 상당한 영향력을 행사할 수 있는 경우 등에는 원가법을 적용하지 못하도록 하고 있다. 한 마디로 사업이나 인사에 영향력을 행사할 수 있는 경우에는 지분율에 관계없이 지분법을 사용해야 한다는 것이다. 삼성은 원가법을 새로 도입하면서 에버랜드가 생명에 이런 영향력을 행사하지 않고 있고 앞으로도 마찬가지라고 강조했다.

그렇다면 과거에는 왜 지분법을 적용했느냐는 필자의 질문에 삼성 구조본 재무팀의 곽상용 상무는 다음과 같이 대답했다.

"에버랜드가 삼성생명이 소유하고 있는 빌딩의 관리를 맡고 있기 때문이었어요. 하지만 2005년부터 개정된 기업회계기준에 따르면 피투자회사(생명) 입장에서 중요한 내부거래일 경우만 지분법을 적용하도록 돼 있습니다. 실제 생명이 에버랜드와 거래하는 규모는 매출의 1%에도 미치지 못합니다. 재무·인사를 비롯한 인사정책에 있어서도 에버랜드는 생명에 전혀 영향을 미치지 않아요. 비록 자회사라도 말입니다. 게다가 이건희 회장은 2001년에 생명의 등기이사를 사임한 상태입니다. 에버랜드의 등기이사도 2005년 5월에 이미 그만둔 상태고요. 따라서 이 회장이 에버랜드를 통해 생명 경영의 주요 의사결정 과정에 개입할 수 있는 수단은 사라졌습니다."

하지만 이 같은 해석에 대해 일부 전문가들은 삼성이 편법으로 금융지주회사법을 피해가려 한다는 비판을 쏟아내고 있다. 금융감독원 부원장을 지냈던 이동걸씨는 "삼성이 회계처리를 통해 문제를 해결하려 하지만 이는 문제를 몇 년 미루는 효과밖에 없다"며 "삼성측은 모든 사업을 다 끌고 가려 하지 말고 일부 사업을 정리해 현 지배구조에 대한 논란을 없애야 한다"고 주장하고 있다.

참여연대 역시 "에버랜드가 삼성생명의 의사결정에 참여하고 있지 않아도 임원 선임에 결정적인 영향력을 미치고 있는 만큼 두 회사 간 거래 규모와 관계없이 원가법이 아닌 지분법을 적용해야 한다"고 공격의 고삐를 늦추지 않고 있다.

치열한 사실 공방

참여연대의 주장처럼 과연 에버랜드는 생명의 임원 선임에 관여하고 있는가?

삼성은 아니라고 한다. 하지만 삼성의 임원 인사에 구조조정본부가 적지 않은 영향력을 행사하는 점, 삼성이 매년 초에 그룹 단위로 인사를 단행한다는 점 등을 감안하면 반드시 아니라고 하기도 어렵다는 지적 또한 있다. 비록 에버랜드 경영진이 생명의 임원을 선임하는 데 아무런 힘을 쓰지 않는다고 하더라도 에버랜드나 생명의 임원진들은 '삼성=원(one) 컴퍼니' 라는 특유의 포괄적인 인사전략에 따라 임면이 이뤄지고 있다는 것이다.

금감원은 원가법을 채택한 삼성의 회계기준에 대해 일단 적정하다는 입장을 밝히고 있다. 하지만 참여연대는 에버랜드 회계기준의 변경 여부가 적정한지 여부를 파악하기 위해 특별감리를 실시해야 한다는 주장을 굽히지 않고 있다.

결과적으로 에버랜드의 금융지주회사화를 둘러싼 논쟁의 불씨는 아직 끝나지 않았다. 표면적으로는 에버랜드가 생명의 임원 선임에 관여하고 있는가에 대한 사실관계 확인의 문제로 보이지만, 전체적으로는 에버랜드와 생명을 매개로 한 삼성 전체의 지배구조를 둘러싼 논란과 맞닿아 있다.

삼성이 회계기준을 변경한 것을 놓고 삼성공화국론자들은 '삼성이 법 위에 군림하고 있다는 또 다른 증거' 라고 공박하고 있는 반면 삼성은 '법이 허용하는 테두리 내에서 최대한 유리하게 움직이는 것이 기업의 생리' 라고 반박하고 있다.

이 대목에서 한 가지 음미할 만한 대목은, 이 문제가 발생한 배경이 삼성전자의 비약적인 성장에서 야기되고 있다는 점이다. 만약 삼성전자가 시가총액 100조 원에 육박할 정도의 거대기업으로 도약하지 않았더라면 에버랜드가 회계기준을 바꿀 필요가 전혀 없었을 것이다.

결국 손자회사(전자)의 성공이 할아버지 회사(에버랜드)의 '정체성' 변경을 압박하는 기이한 일이 지금 현실에서 일어나고 있는 셈이다. 게다가 현재의 DNA를 유지하고 싶다면 자회사나 손자회사와의 관계를 끊으라고 하니 기업을 성공시킨 대가치고는 참으로 혹독한 일이 아닐 수 없다.

금융과 산업자본을 처음부터 분리하지 않고 그룹 지배구조를 짠 것이 잘못이라고 공박한다면 이런 푸념도 헛소리에 불과하겠지만, 밤잠을 줄여가며 노력해 전자를 세계적 기업으로 키운 이건희 회장 입장에선 좀 억울하지 않겠는가?

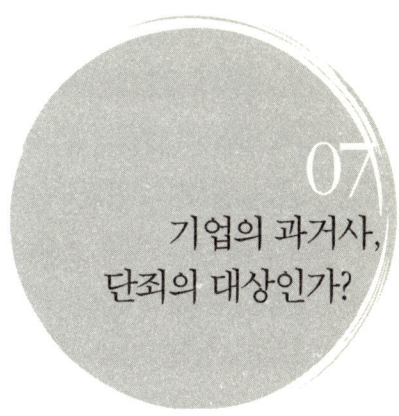

07 기업의 과거사, 단죄의 대상인가?

합법과 불법의 시차

앞서 설명한 바와 같이 현재 삼성의 지배구조를 옥죄고 있는 법률은 공정거래법, 금산법, 금융지주회사법 등 세 가지다. 이 법들이 삼성을 표적으로 만들어진 것은 아니지만 결과적으로 삼성만이 유일하게 동시에 걸려 있다.

삼성은 당장 이런 양상이 법의 보편타당성을 훼손하고 있다고 지적한다. 지배구조에 대한 규제가 보편성을 상실해 특정 기업에만 몰리고 있다는 주장이다.

삼성은 좀더 근본적으로는 최근 일련의 법리적 논쟁이 과거를 현재의 잣대로 평가하고 재단하는 '과거사 단죄'에 가깝다는 억울한 심경을 토로하고 있다. 이미 오래 전에 합법적으로 정착된 지배구조를 나중에 만들어진 규제입법에 따라 다시 조정을 해야 하는 것이 과연 합리적인 경우라고 볼 수 있느냐에 대한 항변이다.

삼성 관계자는 "이런 상황이 전개될 줄 알았더라면 과거 에버랜드가 생명 주식을 취득하거나 생명과 전자를 연결시키는 구조로 만들지는 않았을 것"이라며 "미래의 규제를 미리 예측해 출자구조를 짤 수는 없는 일 아니냐"고 답답함을 토로했다. 삼성은 더욱이 현행 순환출자구조가 이건희 회장 등 총수일가의 경영권 방어를 위해 인위적으로 만들어졌다는 주장에 대해서도 전혀 사실과 다르다며 반발하고 있다.

왜 그런가.

외환위기 이전까지만 해도 삼성의 지배구조는 이건희 회장을 정점으

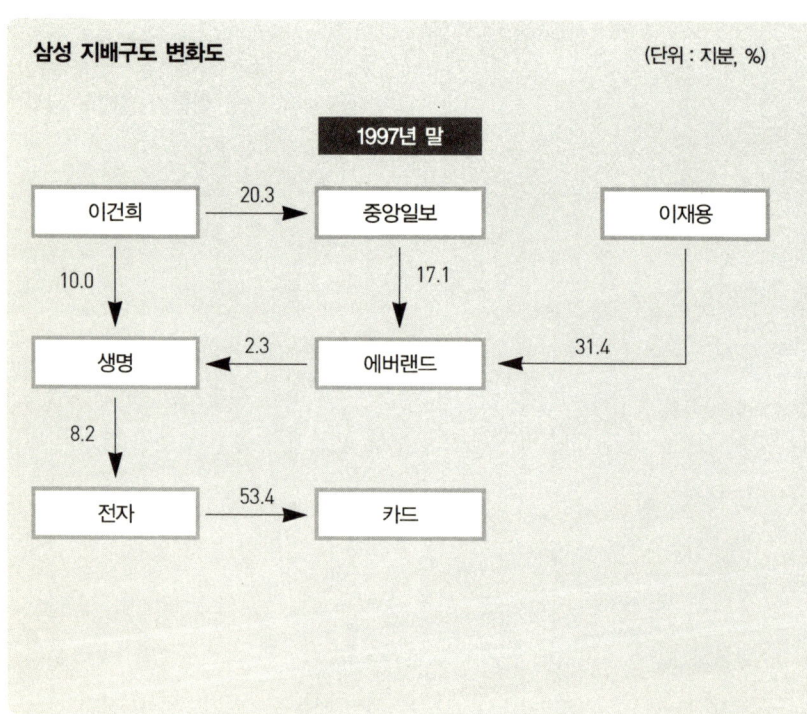

로 외아들인 이재용 삼성전자 상무가 옆에서 받치는 구조로 돼 있었다. 지금처럼 '에버랜드-생명-전자-카드'로 이어지는 양상은 비슷했지만 카드가 에버랜드를 지배함으로써 완벽한 원형 형태를 만들어놓은 현 구조와는 차이가 있었다.

현 구조에서 카드가 에버랜드를 지배하게 된 이유는 1999년 〈중앙일보〉를 계열분리하면서 〈중앙일보〉가 갖고 있던 에버랜드 지분을 카드가 사들이면서다.

또 이 회장이 생명을 지주회사로 삼아 지배해 온 구조가 뒤틀린 이유는 1999년 삼성자동차 부실처리를 위해 개인적으로 갖고 있던 생명 주식

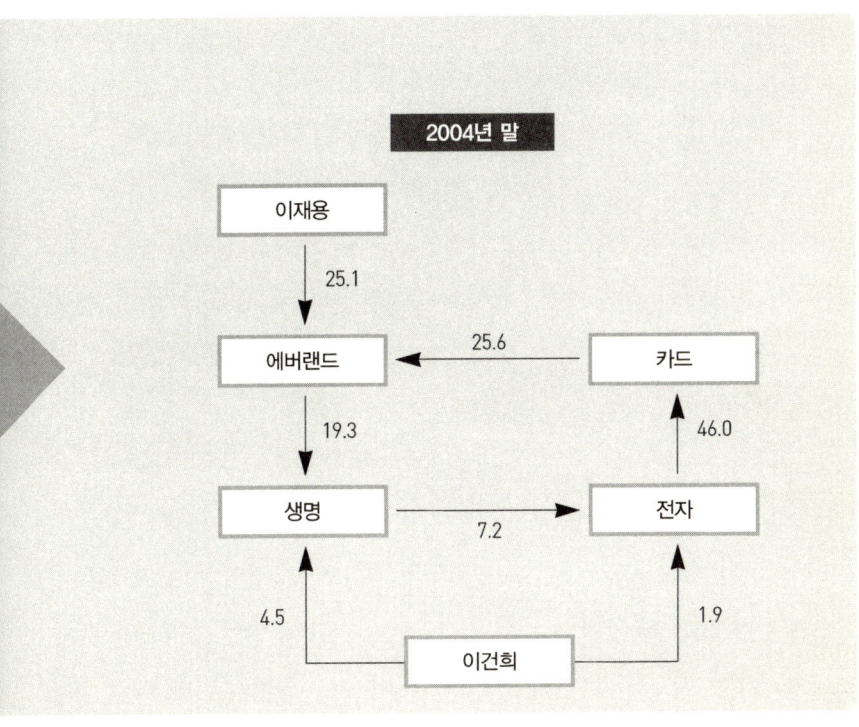

450만 주를 내놓은 데서 비롯됐다. 그 전까지 이 회장은 생명의 최대 주주(10.0%)였다. 이 회장은 현재 50만 주의 생명 주식을 갖고 있지만 현재 생명의 대주주는 에버랜드로 바뀐 상황이다. 당시 삼성자동차에 거의 지분을 갖고 있지 않았던 이 회장의 사재출연은 주식회사 제도의 '유한책임 원칙(출자한 만큼만 책임을 지는 상법상의 원칙)'에 위배된다는 이유로 뜨거운 논란이 벌어지기도 했다. 아무리 총수라고 하더라도 투자분 이상의 손실을 부담할 이유나 법적 책임이 없다는 것이 예나 지금이나 법학자들의 지배적인 의견이다.

노무현 대통령도 2005년 9월 27일 금산법 문제를 언급하는 자리에서 "옛날에 삼성자동차 부채에 대해서 삼성계열사와 사주가 돈을 물어내라고 했을 때 한참 갸우뚱거렸다. 왜냐하면 상법을 공부한 내가 아는 바로도 주식회사 유한책임제도 자체가 그런 경우에 대비하기 위해서 만들어놓은 것이기 때문이다. 기업 하나가 무너져도 그것으로 포기해 버릴 수 있어야 투자를 할 수 있는 것 아니냐"고 소회를 언급한 적이 있다.

하지만 이 회장과 삼성은 당시 사재출연을 하라는 정부의 요청을 수용했고 그것이 삼성의 현 지배구조를 착근시키는 데 결정적인 역할을 했다. 삼성은 이 회장의 지배력 공백을 메우기 위해서 에버랜드의 생명 출자를 늘리고 카드로 하여금 에버랜드의 주주가 되도록 보완장치를 마련했다. 결국 큰 틀에서 보면 현재의 순환출자구조는 이 회장이 생명 주식을 채권단 등에 내놓으면서 비롯됐다고 봐야 한다.

금융사의 출자를 규제하는 문제도 과거를 부정해야 하는 모순에 봉착해 있다는 것이 삼성측의 주장이다.

현재 삼성 지배구조의 골격을 좌우하는 핵심계열사는 생명. 생명이 삼성의 중추계열사인 전자의 최대 주주이기 때문이다. 삼성이 헌법소원까지 제기한 공정거래법상 금융계열사의 의결권 제한이나 강제매각 소급이 불가능하다고 버티고 있는 금산법 관련조항 모두 생명이 보유하고 있는 전자 주식에 대한 규제들이다. 동일계열 내 금융사를 통한 계열사 지배를 방지하기 위해 만들어진 이들 법령은 묘하게도 여러 대기업 가운데 삼성의 지배구조 변화를 강하게 압박하고 있다.

하지만 삼성은 생명이 전자를 지배하는 구도로 짜여진 것은 1980년대 초의 일로 현행 규제법령이 존재조차 하지 않았을 때이고 당시 적법한 절차를 거쳐 이뤄진 출자라는 점을 강조하고 있다. 또 1980년대만 하더라도 전자가 지금과 같은 거대기업으로 커질 줄은 아무도 예상치 못했기 때문에 생명이 고객의 자산을 이용해 거대 계열사를 지배하는 데 이용한다는 주장은 타당성이 없다는 것이다.

더욱이 현행 규제에 따라 생명이 일부 전자 주식을 처분해야 할 경우 내부 지분율이 취약한 전자는 당장 경영권 위협에 노출될 가능성이 높다. 일각에선 제조업-금융업으로 그룹을 분할하는 방안도 제기되고 있지만 삼성전자의 시가총액이 100조 원을 넘보는 상황에서 새로운 지배구조를 모색하는 데는 엄연한 한계가 있을 수밖에 없다.

금융-산업 자본분리의 원칙론에 사로잡혀 기업경영을 마치 구획 정리하듯이 들여다보고 있는 공무원들은 과연 자신이 하는 일이 잘나가는 기업의 과거사를 처벌하는 양상으로 치닫고 있는 것을 알고 있을까.

규제의 비용은 누가 부담하나

공무원들은 일반적으로 규제의 정당성만을 강조한다. 자신의 업무영역이 필요한 이유를 대는 데 망설일 공무원들은 별로 없다. 하지만 규제를 정당화하려면 규제의 이익이 비용을 초과한다는 사실을 타당성 있게 입증해야 한다. 규제의 이익으로는 소액주주나 고객의 이익 보호, 시장의 건전한 질서유지 등이 있을 것이다. 반면 비용은 주주·채권자·근로자 등 기업을 둘러싼 이해관계자들에게 골고루 부담된다. 어떤 경우엔 국가경제에도 적지 않은 짐을 떠안길 것이다.

이런 기준에서 삼성을 향하고 있는 각종 규제들은 얼마나 타당성을 갖추고 있는 것인가. 삼성은 고용·투자·이익 창출 등의 경영활동에 있어 국내에서 가장 왕성한 기업이다. 삼성이 세계시장에서 지속적인 성공을 거둬 주주·채권자·근로자·국가경제 모두에 혜택이 돌아가도록 한다면 규제를 과감하게 포기하는 방향으로 발상을 바꿔볼 필요도 있지 않을까.

그리고 규제라는 것도 정책의 일관성 문제를 한번 들여다봐야 한다.

지금은 우수한 지배구조로 일컬어지는 지주회사의 경우, 정부는 1999년 2월 공정거래법을 개정하기 이전까지 지주회사 설립을 금지하고 있었다. 당시 정부 당국자들은 기자들의 질문을 받으면 "지주회사 제도가 오히려 경제력 집중을 야기할 수 있다"는 이유로 지주회사 허용에 대해 부정적인 견해를 밝혔었다. 하지만 법령이 바뀌자 그때부터는 지주회사를 마치 지배구조 개혁의 전범인 것처럼 표현해 기업들을 어리둥절하게 만들었다.

정부는 외환위기 이후 자본시장이 개방되고 주가가 상승해 지주회사로의 전환이 어려워진 시점에 지주회사를 권장하고 나섰다. 삼성만 해도 현 상태에서 삼성전자를 중심으로 한 지주회사 체제를 만들려면 거의 30조 원에 가까운 자금이 필요하다. 1998년에 비해 삼성전자 주가가 15~20배가량 상승하면서 구조전환 비용이 눈덩이처럼 불어났기 때문이다.

공정위는 삼성을 향해 '파괴적 자기혁신'을 이루면 가능하다고 한다. 하지만 일상적인 사업에 몰두하고 있는 기업에게 번거로울 뿐 아니라, 스스로 필요하다고 생각지도 않는 파괴적 혁신을 요구하는 것은 무리가 아니겠는가.

08 총수-기업 분리론의 음모

지배주주 해체론

'삼성공화국론'을 주창하는 사람들 중에 총수와 기업은 분리해서 봐야 한다고 하는 사람들이 생겨나기 시작했다. 이건희 회장 및 그 가족들과 삼성은 떼어놓고 판단해야 한다는 것이다. 이들이 주장하는 요지는 삼성은 글로벌 기업으로서 국가경제에 이바지하는 것이 틀림없지만 이건희 회장이 소수의 지분으로 그룹 전체를 지배하고, 나아가 경영권을 세습하려는 양상은 잘못됐다고 비판한다. 따라서 좋은 기업은 좋은 지배구조가 있어야 더욱 좋은 기업이 될 수 있으며, 이런 점에서 삼성의 현 지배구조는 많은 문제를 안고 있다는 것이다.

그들은 특히 이건희 회장이 사적 이익을 극대화하고 경영권 세습을 위해 법치주의와 시장경제 질서를 왜곡하고 있다고 비난의 목소리를 높이고 있다. 규제를 피하기 위해 헌법소원 등을 불사하고 있는 것이나 이건희-이재용씨로 이어지는 후계구도 정착을 위해 편법·탈법·불법 행위를 가리지 않고 있다는 것이 공격의 주요 배경이다. 옛 안기부 불법도청의 산물인 'X파일'과 같은 행태도 심심찮게 거론된다.

총수-기업 분리론은 급기야 삼성의 현 지배주주들이 경영에서 손을 떼야 한다는 극단적 주장으로까지 이어진다. 이른바 '지배주주 해체론'을 등장시키고 있는 것이다.

이런 주장은 이건희 회장이나 삼성이라는 기업의 일부 행태에 반감을 갖고 있는 대중의 마음을 효과적으로 사로잡고 있다. "그 동안 모든 국민이 힘을 합해 삼성이라는 기업을 키워왔는데, 이제 와서 특정 가족들의 전유물로 놔둘 수는 없다"는 선동까지 가세하면 가히 과거 남미적 포퓰리즘(populism, 대중영합주의)의 양상까지 엿볼 수 있게 한다.

이들은 또 최고경영자의 역할을 인정하는 데 인색한 편이다. 도전과 모험심으로 가득 찬 기업가적 정신이 성장의 결정적인 동력이라는 주장은 애써 외면한다. 대신 국가의 산업정책적 지원, 엔지니어와 근로자의 헌신, 국민의 사랑 등을 더 강조하고 있다.

물론 이건희 회장과 그 가족들에게는 큰 약점이 하나 있다. 그것은 다름 아닌 도덕성 논란에 휩싸인 것이다. 이 회장을 공격하는 측에선 총수 일가가 윤리적이지 못하다고 한다. 적지 않은 사례들도 들고 있다. 현재 부각되고 있는 삼성공화국론의 가장 강력하고도 논리적인 연결고리이기도 하다. 따지고 보면 이 회장이 사회 전반의 추앙을 받는 도덕군자였다면 총수-기업 분리론은 설 땅이 없었을 것이다.

하지만 도덕적이지 못하다는 주장과 그로 인해 지배주주를 해체해야 한다는 주장은 엄연하게 구분해야 한다. 진단 자체가 잘못됐을 수도 있고, 비록 진단은 올바르다고 하더라도 엉뚱한 처방일 수 있기 때문이다.

경영권 유지는 사욕인가

이건희 회장은 여느 기업 총수들과 마찬가지로 당연히 삼성그룹의 경영권을 지키고 싶어한다. 그것도 배타적으로 유지하고 싶어한다. 스스로 창업을 했거나 창업자로부터 기업을 물려받은 오너나 지배주주에게는 너무도 당연한 욕심이고 자본주의체제가 유지되는 한 누구도 탓할 수 없다.

이는 분명히 순수한 의미의 '사욕(私慾)'이다. 하지만 말이라는 것은 묘해서 정작 기업가에게 '사욕'이라는 굴레를 뒤집어씌우면 뭔가 공적 이익에 반하는 뜻으로 해석되는 경향이 있다. 공익을 거슬러 개인의 이익을 추구하는 뉘앙스를 풍긴다는 얘기다.

그래서 삼성을 공격하는 사람들의 전매특허도 "총수일가의 사익을 위하여…"로 시작하는 어법이다. 이 표현은 금산법, 공정거래법, 금융지주회사법, 에버랜드 CB 발행 등의 논란이 벌어질 때도 어김없이 등장했다. 그때마다 많은 사람들은 이건희 회장 일가가 뭔가에 대단한 욕심을 갖고 공익에 반하는, 또는 공익을 훼손하는 짓을 저질렀다는 인상을 받았을 것이다. 하지만 여기서 언급하는 '총수일가의 사익'을 꼼꼼하게 뜯어보면 대개 '경영권 유지나 확대를 위한 욕구'와 관계 있는 내용들이었다.

예를 들어 "고객의 자산을 경영권 방어에 이용한다"거나 "문제가 많은 순환출자구조를 통해 총수일가의 경영권을 유지한다"는 논법들이 대표적이다.

그렇다면 이건희 회장의 사익, 즉 경영권 유지나 확대를 위한 욕심은 어떤 의미를 갖는 것일까.

경영권 유지란 흔히 경영진이 그 자리를 지키거나 보전하고자 하는 욕심으로 이해할 수 있다. 하지만 그런 동기는 표면적인 것에 불과하다.

대개의 기업가는 자신과 기업을 동일시하는 경향이 있다. 기업경영을 통해 인생과 세계에 대한 자신의 철학과 믿음을 구현하려고 한다. 따라서 경영권을 방어하겠다는 것은 회사의 경영전략과 사업 전개방향에 대한 자신의 철학과 신념을 지키고자 하는 욕구로 이해할 수 있다.

기업가가 이를 통해 자신의 안위나 재산을 돌보는 것은 사실이다. 하지만 동시에 자신과 기업에 대한 사회적 평판과 국제적 지위, 종업원과 주주의 만족도, 국가경제에의 기여를 통한 기업의 사회적 책임 등도 고려할 수밖에 없다.

왜냐하면 경영권은 영원한 것이 아니기 때문이다. 자신이 원한다고 해서 영구적으로 가질 수 있는 것이 아니다. 경영에 실패하면 자동으로 상실되는 것이 경영권의 속성이다. 좀더 직설적으로 다른 주주들의 신뢰를 저버린 지배주주는 더 이상 경영권을 유지하기 어렵다.

그렇다면 이 회장은 무슨 힘으로 경영권을 유지하고 있는 것일까. 비판론자들의 주장대로 기업의 모든 역량을 '총수일가의 사익을 위해' 투입하고 있기 때문일까. 이 주장이 맞다면 다른 주주들은 모두 바보라는 얘기밖에 되지 않는다. 자신의 이익을 위해 공익을 훼손하는 행태를 서슴지 않는 경영자를 다른 주주들이 용인해 줄 리가 없다. 주주총회는 도대체 무엇하러 있겠는가 말이다.

소액주주들은 대주주의 이익이 자신의 이익을 부당하게 침해할 때, 또는 불합리한 방식으로 경영이 이뤄질 때 서슴없이 대주주에 반기를 든다. 그것은 주식민주주의가 구현되는 정당한 방식이기도 하다. 하지만 삼성의 경우 그 동안 일부 시민단체를 제외하고는 소액주주들이 드러내놓고 경영진들을 성토한 적이 거의 없다.

전자가 2003년 부실계열사인 카드에 대규모 증자를 단행했을 때도 마찬가지였다. LG카드의 주주사였던 LG전자와 LG화학의 주주들은 카드사에 대한 증자를 견제하고 반대했지만 삼성전자의 주주들은 선선히 용인했다. 삼성의 고용규모나 사회공헌 활동(연간 4,000억 원)이 다소 과도할 때도 별다른 이의를 제기하지 않았다.

주주들이 주목한 수익력과 경영의 합리성, 그리고 투명성 측면에서 삼성이 별다른 허점을 보이지 않았기 때문이다. 주주들은 대신 삼성이 처한 현실, 즉 국내 최고기업으로서 부담해야 할 책무(금융시장 안정, 고용확대 등)를 수긍하고 인정해 줬다. 지배구조에 대한 논란이 거세지만 아직도 대부분의 주주들은 이 회장이 경영권을 유지하는 것이 자신의 이익에 반한다는 근거를 찾지 못하고 있다. 결국 이 회장이 낮은 내부 지분율과 지배구조를 둘러싼 온갖 잡음에도 불구하고 삼성의 경영권을 쥐고 있는 이유는 다른 주주들의 지원과 신뢰를 얻고 있기 때문에 가능하다는 얘기다.

09 지배구조와 성공의 함수

일본의 궁금증

돌이켜보면 요즘 비난받고 있는 삼성의 현 지배구조는 역설적으로 삼성의 성공을 배양시킨 밑거름인지도 모른다. 삼성은 최근 5년 간 글로벌 시장에서 큰 성공을 거두었다. 과연 이건희 회장을 정점으로 한 지배구조가 없었더라도 삼성의 성공은 필연적이었다고 말할 수 있을까?

현대 경영학에서 경영자의 능력이나 역할이 갖는 비중이 늘면 늘었지, 줄어드는 추세는 결코 아니다. 지구상의 모든 나라, 심지어 사회주의 국가들까지 자국 기업의 경쟁력 향상을 위해 각종 정책적 지원을 아끼지 않고 있는 현실을 감안하면 삼성이 그 동안 성장과정에서 얻었던 지원을 '특혜'라고 단정하기도 어렵다. 근로자들의 피와 땀, 고객들의 사랑이 오늘날 삼성의 성공을 견인했다는 사실은 부인하기 어렵다. 그 또한 삼성의 성장에 큰 역할을 했다. 하지만 글로벌 경쟁 속에서 모든 것을 동일한 조건으로 놓고 봤을 때 어떤 기업의 성공은 곧 경영의 성공, 경영자의 업적으로 봐야 한다.

2년째 일본사업을 지휘하고 있는 이창렬 일본삼성 사장의 얘기다.

"일본의 기업인들은 삼성전자의 성공을 이건희 회장의 탁월한 리더십에서 찾습니다. 왜냐하면 이 회장의 리더십을 제외한 뒤 삼성전자의 경쟁력을 가만히 분석해 보면 자신들과 다른 점이 별로 없다고 여기거든요. 그들은 오히려 자신들의 원천기술력이 삼성전자의 섬세한 공정기술에 비해 결코 뒤지지 않고 부품·소재 분야에선 압도적인 경쟁력을 갖고 있다고 생각하고 있습니다. 사실 10년 전만 해도 삼성전자는 일본에서 제대로 명함을 내밀지 못할 정도의 그저 그런 회사였습니다. 기술력과 인재풀은 평균치를 조금 웃돌았고 브랜드 가치는 소니와 비교도 되지 않았습니다. 삼성전자 사장이 마쓰시타나 도시바의 최고경영자들에게 면담을 요청하면 겨우 초급임원을 보내 상대해 주는 정도였습니다. 그랬던 기업이 오늘날 브랜드 가치에서 소니와 어깨를 나란히 하면서 반도체 세계 1위를 질주하고 휴대전화와 LCD 분야에서 독보적 존재로 올라선 것을 이 회장을 빼놓고는 설명하기 어렵다는 얘기를 합니다. 이 사람들이 가장 궁금해 하는 것은 도대체 이 회장이 어떤 자료나 분석을 근거로 그토록 빠르고 정확하고 과감한 의사결정을 하는가에 대한 것입니다."

이 같은 상황에서 나오고 있는 총수-기업 분리론에는 이 회장의 업적을 애써 폄하하려는 의도가 엿보인다. 폄하를 통해 노리는 것은 앞서 강조했듯이 삼성 지배주주의 무력화일지도 모른다. 하지만 그런 의도가 얼마나 위험한지에 대한 경계는 찾아보기 어려운 것이 현실이다.

많은 사람들은 국내의 바람직한 기업상으로 유한양행을 든다. 지배구조가 우수(?)하고 사회공헌활동을 많이 하며 기업의 바탕이 견실하다는 이유에서다. 물론 유한양행은 좋은 기업이다. 하지만 삼성전자가 유한양행에 비해 덜 윤리적이라고 해서 유한양행이 삼성전자보다 좋은 기업이라고 할 수는 없다. 1980년대 삼성전자는 유한양행과 엇비슷한 규모의 매출을 올리는 기업이었다. 국내에서 차지하는 기업의 위상 또한 서로 비슷했다.

하지만 삼성전자는 끊임없는 도전과 혁신을 거쳐 세계적인 기업으로 성장했고 매출의 90%를 수출하고 있다. 반면 유한양행은 20년 전이나 지금이나 별로 두드러지게 달라진 것이 없다. 국내 제약업계의 수입대체를 다소 약화시키는 데 기여한 정도 아닐까.

만약 이건희 회장이 1987년 선대 이병철 회장으로부터 삼성그룹을 물려받아 현상을 유지하고 총수로서 '즐기는' 경영을 했다면 결코 오늘날과 같은 성취는 맛보지 못했을 것이다.

지배구조는 정답이 없다

현 상황에서 삼성의 지배주주를 해체하면 어찌될 것인가. 즉 이건희 회장이 경영일선에서 물러난다면 어떤 일이 생길 것인가.

미래는 어느 누구도 속단할 수 없다. 하지만 그 대안세력에 대한 문제점은 생각해 볼 수 있다. 혹자들은 삼성을 '국민의 품'으로 되돌려주라고 한다. 극단적으로 국민기업화를 해야 한다는 것이다. 하지만 이 경우 누가 어떤 능력과 자격으로 과연 리더십을 행사할 것인가의 문제가 생긴다.

예를 들어 2005년 9월 삼성전자가 오는 2010년까지 반도체 사업에 총

33조 원을 투자하겠다는 계획을 발표한 경우를 보자.

이 사업은 분명히 리스크가 크다. 한 라인에 3~4조 원씩 들어가는 반도체사업이 삐걱거리면 제아무리 우량기업을 자처하는 삼성전자일지라도 흔들릴 수밖에 없다. 만약 반도체사업 실패로 인해 회사의 경영성과가 곤두박질치게 되면 외국인을 비롯한 주주들도 가만 있지 않을 것이다. 지금과 같은 신뢰와 성원을 보내지 않을 게 분명하다.

그렇다면 '33조 원 투자'를 결행하는 근거는 무엇인가. 그것은 의사결정권자의 직관일 수도, 논리적 분석의 흐름일 수도 있다. 문제는 의사결정의 주체가 누구냐다.

주주들이 모여 투표로 가부를 결정할 것인가. 아니면 사외이사를 포함한 등기이사 전원이 합의를 해서 결정해야 할 것인가.

경험적으로 확실한 지배주주가 없는 기업들은 모험적인 투자를 단행하기 어렵다. 합의제 방식의 의사결정은 좀처럼 평균치를 벗어날 수 없다.

경영의 투명성 확보를 위해 도입하고 있는 사외이사제도 역시 모험적인 투자에 대한 의사결정에 있어서는 대부분 무용지물이다.

지금 메모리반도체 사업만 놓고 보면 삼성전자의 현 집행이사보다 전문성이 더 뛰어난 사람들을 찾아볼 수 없다. 사외이사가 판단을 하려면 현 경영진보다 더욱 뛰어난 전문가를 만나 자문을 구해봐야 하는데, 현실에서는 이런 사람을 찾기 어렵다.

그렇다고 삼성전자의 해외 경쟁사인 미국의 인텔이나 마이크론테크놀로지, 일본의 도시바, 유럽의 필립스나 ST마이크로를 찾아가 물어볼 것인가. 그것은 기밀유출에 가까운 이적행위다.

그렇다면 좋은 전문경영인을 물색하면 되지 않느냐고?

전문경영인 제도가 만병통치약이 아니라는 것쯤은 일반 대학생들도 잘 알고 있다. 전문경영인의 폐해가 오너 경영의 그것보다 더욱 클 수도 있다는 사실은 미국의 엔론이나 월드컴 사태 등으로 충분히 입증된 바 있다.

경영학 이론도 '대리인'이라는 개념으로 전문경영인 제도의 약점을 기술하고 있다.

대리인은 주주에 대립되는 개념으로 주주를 대신해 회사 재산을 운용하는 경영자를 일컫는다. '대리인 이론'에 따르면 전문경영인은 자신의 보수와 기업의 성과가 무관하기 때문에 기업 이윤의 극대화보다는 자신의 사익을 추구하기 쉽다. 기업이 성공하더라도 그 이익이 모두 자신의 것이 되지 않으며 실패하더라도 모든 것을 책임지지 않아도 된다.

전문경영인들의 이 같은 이기적인 행태는 불필요한 사세의 확장이나 사옥·사무실 등의 사치스런 매입 등으로 나타날 개연성이 충분한 만큼 적절한 제동장치가 있어야 한다는 것이 서구 기업가들의 인식이었다.

따라서 대리인이론의 종착역은 전문경영인에 인센티브를 주라는 것이다. 즉 스톡옵션 같은 강력한 인센티브를 통해 '대리인(전문경영인)'과 '소유 경영인'의 이해관계를 일치시킬 수 있다는 것이다. 전문경영인의 보수와 주가를 연동시킬 경우 경영효율이 극대화될 것이라는 논리는 상당한 설득력을 가짐으로써 1980년대 영미권 국가에서 선풍적으로 확산돼 나갔다.

하지만 스톡옵션의 문제점 또한 적잖게 제기되고 있다. 기업의 수익에 비해 과도한 보수, 지나치게 주가동향에 집착하는 경영행태로부터 엔론 사태처럼 주가 하락을 막기 위한 회계부정까지 나타나고 있다.

결국 경제적 인센티브가 전문경영인 제도의 성공을 보장할 수는 없으며 궁극적으로 기업 지배구조의 문제는 '정답이 없다'는 것이 정답이라고 많은 전문가들은 지적하고 있다.

세계적인 경영대학원인 와튼스쿨의 귈렌 교수는 "한국은 자본집약적 산업에서 재벌이라 불리는 거대그룹을 형성시킨 기업지배구조와 사회조직 덕분에 전자 · 자동차 · 철강 · 화학과 같은 수출지향적인 대량생산 분야에서 경쟁력을 확보할 수 있었다"고 분석하기도 했다. 한국적 오너 지배체제의 효용을 나름대로 강조하고 나선 것이다.

그래서 필자에게 이건희 회장을 중심으로 한 지배구조를 지지하느냐고 묻는다면, 필자는 당연히 '그렇다'고 대답할 수밖에 없다.

대안이 부재할 뿐만 아니라 이 회장이 경영권을 내놓을 만한 사유, 즉 경영 실패나 시장으로부터의 신뢰상실이 일어나지 않고 있기 때문이다.

사실, 따지고 보면 조그마한 공기업 사장 한 사람 공모하는 데도 (영입할) 사람이 없다고 아우성치는 것이 정부의 현실 아닌가.

10 삼성은 비윤리적 기업인가?

기업이 존재하는 이유

그 동안 정부의 규제법안에 대한 필자의 생각을 읽어온 독자들은 이제 '다른 문제들에 대해서 당신은 어떻게 생각하고 있느냐?'고 묻고 싶을 것이다.

이재용 삼성전자 상무가 불과 60억여 원의 종자돈으로 몇조 원대의 삼성그룹 자산을 물려받은 일, X파일에서 드러난 삼성의 정치권 로비 의혹, 삼성전자가 협력업체의 특허를 빼앗은 혐의로 고발돼 재판에서 진 일, 삼성 관계자로 추정되는 누군가가 휴대전화를 이용해 노조설립을 시도하던 근로자의 위치를 추적한 것 등이 주종을 이룰 가능성이 크다.

사실 삼성이 잘못한 일이라면 어디 이런 문제들뿐이겠는가. 지금 이 순간에도 삼성의 누군가는 협력업체 사장을 겁박해 납품 단가를 떨어뜨리고 있을 것이고, 또 다른 누군가는 힘 있는 기관에 음성적인 로비를 통해 이해관계를 관철시키려고 할지도 모르겠다.

　이런 양상을 윤리적인 잣대로 놓고 묻는다면 필자는 당연히 '비윤리적'이고 '부도덕' 하다고 대답할 수밖에 없다. 그리고 그런 '반칙'들이 불법적인 것이라면 단죄받아 마땅하다.

　기업이, 또는 기업가가 범죄행위를 저질렀을 경우 법에 따라 처리를 하면 그만이다. 삼성이라고 예외가 될 수는 없다. 우리나라의 현행 형사법은 거의 모든 기업관련 범죄를 처벌할 수 있다. 기업 돈으로 비자금을 조성하면 배임죄나 횡령죄 등을 당연히 적용할 수 있다. 사안의 경중이 변수가 될지 모르겠지만 어느 기업도 법의 감시로부터 자유로울 수 없고 현실 또한 그렇다.

　이재용 상무에 대한 에버랜드 CB 발행 건으로 삼성에버랜드 전·현직 경영진들은 1심 재판에서 유죄판결을 받았다. 이건희 회장은 노태우 전 대통령 비자금 사건으로, 이학수 구조조정본부장은 2002년 대선자금 건으로 각각 유죄판결을 받았다.

　물론 법적 처벌을 받는다는 이유로 모든 문제를 덮을 수 있는 것은 아니다. 반성을 하지 않아도 된다는 얘기는 더더욱 아니다. 하지만 범법행위가 있다고 해서 기업을 윤리적 잣대로만 평가하는 것 역시 위험하긴 마찬가지다. 법으로 판단할 영역과 기업활동에서 판단할 영역은 다를 수 있다.

　삼성의 특정 계열사나 일부 그 임직원들이 사법적 심판을 받는다고 해서 삼성 자체를 범죄집단으로 취급하거나 이건희 회장을 범죄인으로 몰아서는 안 된다.

　앞서 설명했듯이 외부 권력이나 영향력으로부터 자신의 이익을 보호하고, 동시에 경쟁시장에서 상대방을 거꾸러뜨리기 위해서라면 모든 수단을 강구해 보는 것이 기업이라는 조직의 특성이기도 하다. 그 행위가 비록 법에 저촉될 가능성이 있더라도 말이다. 하지만 삼성에 과연 그런 어두운 면만 있는가.

협력업체를 옥죄고 불법 로비를 시도하는 다른 한편엔 제품 하나라도 더 팔기 위해 콧대 센 바이어들에게 아양을 떠는 영업맨들, 시한에 쫓기는 기술개발을 위해 연구소에서 밤을 새는 엔지니어들, 낯선 이국의 스트레스에 짓눌려 향수병에 걸린 주재원들의 모습도 있을 것이다. 심혈을 기울여 개발한 신제품을 적기에 내놓기 위해 경쟁사들의 제품정보와 시장의 흐름을 면밀하게 파악하는 전략가들 또한 피를 말리는 시간을 보낼 것이 틀림없다. 지구촌 시장을 24시간 누비고 있는 삼성 같은 기업에게는 이런 일들이 하루에도 수천, 수만 가지가 일어나고 있을 것이다.

그런데 땀과 눈물, 일상의 감동이 살아 있는 수많은 이야기들과 사연들은 모두 제쳐놓고 잘못한 일, 결과적으로 범법으로 판명난 일들만 모아서 기업을 공격한다면 그 어떤 기업인들 무사할 수 있겠는가. 희소한 부가가치를 얻어내기 위해 모든 조직적 역량을 쏟아 붓는 기업에 윤리적 잣대를 들이대 지배구조를 탓하고 기업문화를 비난한다면 누가 의욕을 갖고 기업을 경영하겠는가.

이는 비판의 형평을 따지자는 것이 아니라 기본적으로 기업관(觀)에 대한 이야기다.

기업이 가져야 할 최고의 덕목은 도덕률을 준수하는 것이 아니다. 기업의 정체성을 윤리로 포장하는 것은 대중들의 과도한 개입이요, 간섭이다.

시장경제 하에서 기업 최고의 윤리는 열심히 일하는 것이고 끊임없이 성장하는 것이다. 돈을 벌어 좀더 많은 젊은이들을 고용하고 주주와 종업원들에게 과실을 나눠주며 궁극적으로 국가경제의 발전에 이바지하는 것이다.

이런 면에서 삼성은 최고의 윤리적 집단이라고 할 수도 있다. 삼성이 법 위에 군림한다는 얘기는 전형적인 반(反)삼성 캠페인이다. 만약 법의 그물망을 자유자재로 빠져나갈 수 있다면 오늘날 삼성에 걸려 있는 수많은 재판과 법적 규제들을 어떻게 설명할 것인가.

치사하고 굴욕적일지라도 주어진 환경에서 살아남고 성장해야 하는 것이 기업의 숙명이고 삼성은 그런 사실을 잘 알고 있다. 만약 이재용 상무가 삼성 자산을 물려받는 과정이 법적으로 문제가 있다면 그에 응당한 제재를 받을 것이다.

국민정서와 기업가정신

비록 법적 수단이 아니더라도 우리 사회가 삼성을 통제할 수단은 너무도 많다. 당장 대통령까지 '국민정서'를 인용해 삼성의 지배구조를 비판하고 있지 않는가.

노무현 대통령은 2005년 9월, 금산법 개정 논란과 관련해 "삼성의 태도에 문제가 있다"며 "삼성이 법률의 소급 이론을 가지고 법리적 논쟁을 끌어간 것은 국민정서에 맞지 않으며 지배구조 규제에 쉽사리 동의하지 못해도 최대한 맞춰가야 한다"고 비판했다.

10월 20일에는 김근태 보건복지부 장관이 한국경제연구원 포럼에 참석해 "삼성은 국민정서를 진지하게 고민해야 한다"는 말도 했다. 이들 발언은 정치인으로서 여러 가지 정황을 고려해 나온 것일 터다. 그리고 노대통령이나 김 장관이 악의를 갖고 이런 발언을 했다기보다는 결자해지 차원에서 삼성이 어느 정도 성의를 보이면 문제를 풀어나갈 수 있을 것이라는 나름대로의 의견을 밝힌 것으로 이해할 수 있다.

하지만 필자가 야박하게 한 마디 더 하면, 한국경제에서 국민정서보다 더 중요한 것은 기업가정신의 고양이다. 국민정서를 고려해 삼성이 누군가와 타협을 하고 절충을 하는 것도 필요하다. 요즘 같은 때엔 특히 그럴 것이다. 하지만 이런 양상이 국민정서만 살리고 기업가정신은 죽여버린다면 득보다 실이 훨씬 클 수밖에 없다.

아직도 기업이 저절로 성장한다고 믿는 순진한 이들에게는 말도 안 되는 억지처럼 들리겠지만 컸다고, 우뚝 솟은 모습으로 성장했다는 이유로 국민들의 정서를 의식하고 고민해야 한다면 누가 장차 삼성 같은 기업을 일궈보겠다는 야심을 품을 것인가.

지금 우리에게 긴요한 것은 협소한 합리주의가 아니라 앞으로 우리나라 경제와 산업이 어떤 방향으로 나아갈지를 고민하고 실행하는 힘이라고 생각한다.

11
2002 대선자금 변명과 진실

세상에는 믿기 어려운 '진실'들이 있다. 아무리 개연성이 있다 하더라도 사회 통념이나 개인의 건전한 상식에 비춰볼 때 쉽게 수긍할 수 없는 일들이 있다는 얘기다.

이런 경우 많은 이들은 구체적인 사실관계를 따져보기보다는 나름대로의 직감과 과거의 경험적 사실에 의존해 판정을 내린다. 결론은 대부분 '믿을 수 없다'로 정해진다.

2002년 대통령선거 직전 정치권에 수백억 원대의 채권을 제공한 혐의로 검찰의 수사를 받은 삼성이 그런 경우다.

사건 전개과정이야 대단히 복잡하고 충격적인 내용이 많았지만 삼성이 제공한 자금이 정치자금법을 위반한 돈이라는 사실은 분명했다.

물론 검찰 수사망에 삼성 홀로 걸린 것은 아니었다. 알 만한 다른 그룹들도 모조리 음성적인 정치자금의 덫을 빠져나오지 못했다.

사정당국은 재계가 여러 가지 경로를 통해 선처를 호소한 데다 총수 구속이 경제에 미치는 악영향을 감안해 선처를 하는 경우가 많았지만 국민들의 시선은 따갑기만 했다.

문제는 삼성이 정치자금을 조성해 제공한 방식에 있었다.

삼성 구조조정본부는 정치자금의 출처를 이건희 회장의 개인 돈이라고 밝혔고 정치자금 제공사실을 사전이나 사후에도 이 회장에게 보고하지 않았다고 주장했다. 이학수 본부장 등이 검찰수사를 받을 때도 똑같은 진술을 했다.

사람들은 "그럴 리가 없다"고 비아냥거렸다. 손바닥으로 하늘을 가린다고 했다. 총수가 전권을 휘두르는 한국적 기업 풍토 속에서 총수의 호주머니보다는 회사 돈으로 비자금을 마련했을 가능성이 높다고 생각했다.

두번째, 이 회장이 전혀 보고를 받지 않았다는 주장에 대해선 거부감이 더했다.

자신의 소유로 돼 있는 수백억 원의 돈을 정치권에 제공하는 데 아랫사람들이 보고를 하지 않는다는 것이 말이 안 된다는 것이다. 사실 그렇다. 한두 푼도 아닌 거액의 돈을, 그것도 당선이 유력한 대선주자 캠프에 전달하면서 돈의 주인이 전혀 모르게 진행했다는 것은 너무도 납득하기 어려운 주장이다.

그런데도 삼성은 지금까지 똑같은 주장을 되풀이하고 있다. 자신들도 무척 답답하단다. 삼성의 시스템과 이 회장의 스타일을 알면 결코 거짓말이 아니라는 것을 알 수 있을 텐데, 이 사람들에게 효과적으로 전달할 방법이 없다는 것이다.

과연 진실은 무엇이었을까.

이 회장 개인 돈이었나

언론의 거듭된 인터뷰 요청에도 계속 침묵을 지키던 이학수 본부장은 2004년 6월 〈신동아〉 인터뷰를 통해 처음 속내를 털어놨다.

"삼성에서 비자금을 만들려면 우리 구조본에서 계열사 사장에게 얘기해야 합니다. 사장은 경리책임자에게 지시를 해야 하고, 그러면 담당실무자도 알게 됩니다. 구매파트 같은 곳에선 현업에 얘기해야 하고, 현업 쪽에선 협력업체로부터 협조를 받아야 해요. 수십 명이 관여하게 되는 거죠. 요즘 이런 짓 했다가는 다 죽습니다. 사장부터가 하라고 시켜도 안 해요. 구조본이 시켜서 했다고 해도 나중에 들통 나면 자기가 감옥가는데, 말을 듣겠습니까…."

삼성은 이런 이유로 이 회장의 예금계좌에서 돈을 빼내 자금을 마련했다는 것이다(이 회장의 재산관리는 구조본 재무팀이 맡고 있다).

삼성을 다년간 취재해 온 필자는 일단 이 같은 주장에 수긍하는 편이다. 삼성은 국내 그 어느 기업보다 외부의 감시를 많이 받는 기업이다. 참여연대를 비롯한 시민단체들이 눈에 불을 켜고 삼성을 지켜보고 있고 외국인 주주들도 삼성의 일거수일투족에 촉각을 곤두세우고 있다. 특히 간판격인 삼성전자의 경우 외국인 지분율이 50%를 넘나드는 데다 재무제표의 변동상황을 밀착 감시하는 세력들이 워낙 많다. 만에 하나라도 삼성 주력 계열사 중 투명성에 문제라도 생기면 그 여파가 삼성그룹 전반과 이 회장의 리더십에 치명적인 타격을 입힐 수 있는 분위기다.

이런 상황에서 삼성이 굳이 무리를 해가며 비자금을 조성했을 가능성은 극히 낮다는 것이 필자의 판단이다.

여기에 이 회장이 조(兆) 단위의 재산을 보유하고 있다는 점도 필자의 관측에 힘을 실어주는 요인이다. 삼성이 제공한 돈은 보통사람들에게 상상도 할 수 없을 정도의 거액이지만 이 회장 같은 사람에겐 그다지 큰돈이 아니다. 더구나 이 회장은 삼성전자, 삼성물산 등으로부터 받는 보수와 배당금을 합해 최소 연간 400억 원 이상을 벌고 있다. 개인 소유의 주식이나 부동산을 팔지 않더라도 수백억 원 정도의 현금은 언제든지 동원 가능하다는 얘기다.

삼성 관계자는 "비자금 조성이 사후에 발각돼 회사가 불이익을 당하면 가장 피해를 보는 사람은 이 회장 자신"이라며 "정치권의 요구에 회장 개인 돈을 사용하는 것은 하등 이상한 일이 아니다"라고 말했다.

이 회장은 끝까지 몰랐나

참모들이 정치자금을 은밀하게 제공하는 과정에서 이 회장의 사전 양해를 받지 않았다면 최소한 사후보고라도 하는 것이 오너를 보좌하는 '도리' 일 것이라고 사람들은 생각한다.

삼성은 이에 대해 이 회장의 스타일을 몰라서 하는 얘기라고 일축한다.

다시, 이학수 본부장의 얘기다.

"일반인들의 잣대로 보면 우리 회장의 캐릭터를 잘 이해할 수 없을 거예요. 선대 이병철 회장 때는 비서실 재무팀장이 매달 재산상황을 보고했습니다. 그런데 이건희 회장이 취임한 후에는 6개월에 한 번씩 하라고 했어요. 그러더니 얼마 후엔 1년에 한 번씩 하라고 했습니다. 요즘은 1년에 한 번도 하지를 못해요. 지금이 벌써 2004년 5월인데 아직 2002년 상황도 보고하지 못했습니다… 회장 생각은 '내 재산이야 삼성전자 주가가 올라가면 늘고 내려가면 주는 건데 무슨 큰 의미가 있냐. 그런 것 시시콜콜하게 보고할 것 없다'는 식입니다. 그러고는 통장이며 인감도장 다 우리한테 맡겨놓고 삽니다…. 처음엔 저도 '어디에 축의금 내실 일이 있습니다', '회장님 이름으로 임원들에게 격려금 좀 주시는 게 좋겠습니다' 하면서 일일이 보고를 했어요. 이 회장은 그럴 때마다 '알았다' 고만 했어요. 그러더니 언젠가는 '그런 걸 왜 자꾸 얘기하냐. 당신이 좀 알아서 해라'고 하더군요. 벌써 수 년이 됐습니다."

한 마디로 이 회장이 재산 증감문제에 초연하다는 얘기다. 워낙 부자라서 그런 것이 아니라 원래 그런 스타일이라는 설명이다. 기업을 지배하는 것과 부를 소유하는 것은 얼핏 같은 맥락으로 보이지만 삼성을 초일류로 키운 이 회장에겐 재산이 몇천억 원 더 늘어나거나 줄어드는 것이 큰 문제가 아닐지도 모른다. 하지만 그렇다 하더라도 용처가 정치자금이다. 그것도 불법의 굴레를 쓴.
이 본부장의 설명은 계속 이어진다.

"물론 이 회장이 불법 정치자금 주는 것까지 알아서 하라고 하신 건 아닙니다. 기본적으로 제가 당신을 해롭게 하거나 사심이 있는 게 아니라는 걸 잘 아시니까 믿고 맡기신 거죠. 저도 행여 회장께 누가 될까봐 웬만한 건 귀띔 안 하고 알아서 합니다."

그렇다면 이 본부장은 불법이라는 사실을 잘 알면서 왜 회장 돈을 제공했을까. 그것은 자금제공을 거절했다가 혹시 나중에 불이익을 받을 수도 있다는 우려 때문이었다고 한다. 권력이 마음만 먹으면 삼성 같은 기업도 얼마든지 궁지에 몰아넣을 수 있다는 것. 과거 김영삼 정부 시절 현대그룹이 그랬고, 더 거슬러 올라가면 전두환 정권 때 그룹이 해체된 국제가 그랬다는 것이다.

어쨌든 이 본부장의 얘기에서 전후맥락을 알 수 있는 한 가지 포인트는 그가 이 회장에게 대단한 충성심을 갖고 있다는 점이다. 이 본부장은 '누가 될까봐' 보고를 하지 않았다고 주장한다. 이 얘기는 거꾸로 실제 보고를 해놓고도 '이 회장에게 검찰에 불려가는 누를 끼칠까봐' 자신이 알아서 했다고 주장할 수도 있다는 점을 시사한다.

그래서 여전히 초점은 이 본부장이 끝내 이 회장에게 보고를 하지 않았는가에 대한 의문이다. 이 대목에서 삼성 특유의 조직관리 관행을 알아볼 필요가 있다.

요즘은 거의 사라졌다지만 과거 삼성은 여러 경로에 음성적인 돈을 많이 썼다. 삼성은 한때 재벌그룹 가운데 가장 로비력이 뛰어나다는 평도 들었다. 우스개일지 모르겠지만 삼성 내부엔 "남에게 돈을 줄지언정 결코 남의 돈은 받지 마라"는 얘기가 삼성식 '윤리강령' 이라는 말도 있다.

또 삼성이 어떤 이유로 외부 사람에게 돈을 건넬 때는 '도마뱀 꼬리 자르기' 가 불문율처럼 돼 있었다. (뇌물 제공이) 필요하다고 인정될 때는 개인이 알아서 판단하고 사후에 문제가 됐을 경우엔 회사 조직에 누를 끼치지 않는 방식으로 하라는 것이다.

삼성그룹 고위 임원의 얘기다.

"삼성 조직 내에서는 어떤 예민한 사안이 발생해 누구에게 돈을 좀 건네야겠다는 판단이 섰을 때 상사에게 이를 보고하는 것 자체가 결례라는 의식이 강합니다. 막말로 '내가 이렇게 당신에게 보고했으니, 당신에게 최종 책임이 있다'는 것처럼 비쳐질 수 있기 때문이죠. 물론 그 상사가 주도적으로 지시할 경우에는 얘기가 다릅니다. 그런데 몇 년 전부터 회계가 투명해지고 작은 규모라도 비자금을 조성하기 어려워지면서 이 같은 사안으로 고민할 필요도 없어졌습니다. 돈을 주고 속을 끓이는 것보다는 차라리 일이 안 되더라도 마음 편하게 있는 것이 낫다는 생각이죠. 또 구태여 돈이 아니더라도 로비를 할 방법이 없는 것도 아닙니다. 결론적으로 요즘 삼성은 돈으로 무언가를 도모하는 행태는 거의 시도하지 않는다고 봐야 합니다."

이 같은 맥락에서 보면 이건희 회장의 '분신'으로까지 불리는 이학수 본부장이 대선자금과 관련해 이 회장에게 전혀 보고를 하지 않았다는 얘기도 어느 정도 설득력이 있다. 또 한 가지 특기할 만한 사실은 외부의 많은 이들은 이 본부장의 얘기를 액면 그대로 믿지 않지만 삼성 내부의 상당수 직원들은 충분히 그럴 수 있다고 생각하고 있다는 것이다.

삼성의 기업문화와 분위기를 얼마나 이해하느냐, 그렇지 않느냐에 따라 판단이 엇갈리는 것이다.

필자의 솔직한 고백은 반반이다. 하지만 굳이 무게중심을 따져 내기를 걸라고 하면 이 본부장의 얘기에 걸겠다. 필자도 처음에는 이건희 회장이 끝까지 몰랐다는 얘기는 말도 안 된다고 여겼지만 시간이 지나면서 생각이 달라졌다. 2년이 넘는 세월을 출입하면서 혹시 '세뇌' 당한 것은 아닐까 하고 스스로 의구심도 가져보지만 논리성 여부를 떠나 일관성 있는 '변명'에 조금 더 점수를 주고 싶은 마음이다. 그렇다 하더라도 필자의 판단을 독자 여러분에게 강요하고 싶은 생각은 없다. 어차피 소수 의견이 될 것이므로.

12 무노조냐, 비노조냐

노조 문제는 삼성의 아킬레스건이다. 나눔경영과 상생경영을 외치고 세계적인 수준의 경영 시스템을 자랑하는 이 기업도 "노조도 없는 주제에…"라는 면박을 받으면 금세 대답이 궁색해진다. 임직원들에 대해 국내 최고 수준의 임금과 복지혜택을 제공하고 있으면서도 왜 한사코 노조 설립을 막고 있는지에 대한 명쾌한 해답을 주지 못한다. 기이하게도 삼성 스스로도 이 문제에 대해선 대단한 콤플렉스를 느끼고 있는 것으로 보인다.

2005년 5월, 이건희 회장이 고려대에서 명예철학박사 학위를 받을 때 불거진 학생들의 시위 사태도 노조 문제에서 비롯된 것이었다. 학생들은 이 회장이 노조를 인정하지 않는 경영행태를 보였고 심지어 노조설립을 교묘하게 탄압해 왔다는 이유로 철학박사 학위를 받을 자격이 없다고 주장했다. 기본권 탄압을 일삼는 기업의 총수는 학교에 아무리 많은 기여를 하더라도 철학박사 학위를 받아서는 안 된다는 논리였다.

여론은 학생들의 행동이 지나쳤고 삼성의 선의(善意)가 이념편향적인 특정 세력에 의해 왜곡됐다는 쪽으로 흘렀지만 당사자인 이 회장의 심정은 무척 착잡했을 것으로 짐작된다. 이 회장은 이날 학생들로부터 계란 세례를 받을 것에 대비(?)해 양복 한 벌을 더 준비해 갔지만 막상 곤욕을 치르자 모욕감을 느꼈는지 예정된 만찬에도 참석하지 않았다.

무노조(無勞組) 경영은 삼성그룹 창업주인 이병철 선대 회장 때부터 정해진 확고한 원칙이다.

1980년대 말 민주화 물결을 타고 주요 대형 사업장에 우후죽순 격으로 노조가 설립될 때도 삼성만은 무풍지대였다. 그 동안 삼성 내에선 몇 차례 노조설립을 시도한 일이 있었지만 성공한 사례는 거의 없었다. 노조설립을 막으려는 삼성의 의지가 워낙 강했기 때문이다. 현재 삼성계열사 중 노조가 설립돼 있는 회사는 과거 인수·합병을 통해 계열사로 편입시킨 삼성증권과 삼성정밀화학 정도다. 삼성증권은 국제증권, 삼성정밀화학은 한국비료가 각각 삼성에 인수돼 이름이 바뀐 기업들이다.

삼성의 콤플렉스

그렇다면 삼성의 무노조 경영은 진정 비윤리적이고 부도덕한 것일까. 노조가 없다는 이유로 삼성의 좋은 덕목들마저도 모두 묻히는 것일까.

삼성은 내부적으로 무노조라는 단어 대신 비노조(非勞組) 경영이라는 표현을 사용하고 있다. 무노조 경영이 근로자 집단(노조)의 존재 의의와 회사발전에 대한 기여도를 무시하고 폄하하는 어감을 갖고 있다면, 비노조 경영은 비록 노조가 없더라도 종업원의 역할과 인간존중의 경영을 펼칠 수 있는 의지를 갖고 있다는 의미로 해석된다는 것이다. 하지만 필자의 생각에 무노조나 비노조나 일반에게 주는 어감은 똑같을 것이라고 생각한다.

이는 한 마디로 삼성이 노조 없는 경영을 하고 있다는 것이다. 따라서 삼성이 굳이 무노조와 비노조를 구분하는 것도 일종의 콤플렉스로 느껴진다.

한국적 현실 속에서 노조를 허용하지 않는 것은 경영의 비민주화로 받아들여진다. 실제 기업 의사결정의 특성이 어떠하든 대중에게 주는 인상이 그렇다는 것이다. 특히 민주가 모든 가치를 독점하고 있을 때 삼성의 무노조 경영은 시대의 흐름에 역행하는 반(反)민주적인 행태로 간주됐다.

이제 문제의 본질로 들어가보자.

삼성은 왜 전통적으로 노조 설립을 허용해 오지 않았는가. 이는 당연히 경영자의 판단이 가장 큰 이유다. 과거 이병철 회장은 1961년 5·16 군사쿠데타 직후 발생한 제일모직 대구공장의 파업사태에 큰 충격을 받았다. 사회가 어수선한 시기를 타고 발생한 파업은 소요를 방불케 할 정도로 파장이 컸다. 비슷한 시기에 일본 기업들도 노조의 춘투(春鬪) 확대로 골머리를 앓고 있었다. 이즈음의 사태를 계기로 이 회장은 절대 노조가 설립돼서는 안 된다는 생각을 굳힌 듯하다.

경영자 입장에서 보면 강성 노조는 경영효율의 극대화를 가로막는 최대 걸림돌이다. 누구보다 계산과 능률을 중시한 이병철 회장에겐 노동조합의 존재 자체가 경영의 적으로 간주됐을 법하다. 물론 노조설립을 언제까지나 인위적으로 막을 수 있는 것은 아니다. 이 회장은 '인재 제일주의'와 '1등주의'를 표방하며 임금과 복지수준을 국내 최고 수준으로 높여놓았다. 사업장의 근로환경 역시 당대의 일류 수준을 유지하도록 했다.

임금과 근로조건을 개선함으로써 노조결성 요인들을 원천적으로 차단하겠다는 생각이었다.

노조 문제에 대한 이 같은 접근은 이건희 회장이 바통을 이어받고 나서도 크게 변하지 않았다. 한 가지 다른 점이 있다면 1987년 그룹 회장에 취임한 이후 불어닥친 민주화 바람으로 전국이 노사분규에 휩싸이는 광경을 직접 목격하게 됐다는 것이다.

삼성의 걱정

삼성도 한때는 기업 이미지를 위해 일부 계열사를 대상으로 노조설립을 허용해 주는 방안을 검토한 적이 있긴 하다. 하지만 현대, 대우그룹 계열사들을 중심으로 나타난 국내 노동계의 전투적 행태와 비타협적인 노동운동을 지켜보면서 금세 생각을 고쳐먹었다.

삼성이 가장 우려한 대목은 생산성과 성과보상 간의 교란이었다.

임금은 철저하게 생산성을 기준으로 결정된다는 것이 자본주의 시스템의 보편적인 진리다. 생산성보다 더 많은 임금을 지급하면 기업경영이 흔들리고 더 낮은 임금을 주면 핵심 인력들이 빠져나간다. 그래서 연도별로 다소의 편차는 있을지언정 10년, 20년 단위의 시계열로 끊어놓고 보면 어떤 회사의 평균 임금은 평균 생산성에 비례할 수밖에 없다.

삼성은 과격하고 전투적인 노동운동 세력이 자신의 사업장에 침투할 경우 이 같은 균형이 무너질 것으로 봤다. 이는 삼성이 유지해 온 촘촘하고도 세밀한 관리의 틀이 붕괴되는 것을 의미했다. 외부환경 변화에 유연하게 대처할 수 있는 조직의 탄력도 기대할 수 없을 것으로 우려했다.

수천 개의 부품 협력사들을 거느리고 있는 전자회사를 주력 계열사로 거느리고 있는 점도 부담이었다. 만약 임금이 생산성이 아니라 노사 간의 정치적 협상에 따라 생산성을 웃도는 수준에서 결정될 경우 그 비용은 협력사에 전가될 것이 분명했다. 심하게 표현하면 대기업 노동자가 중소기업 노동자를 착취하는 형태가 될 수도 있다. 그것은 약육강식 구조를 살아가는 기업세계의 어쩔 수 없는 속성이기도 하다.

하지만 이 경우 전자를 떠받치고 있는 수많은 부품사들에게 타격을 주게 되고 이들 협력사의 부실화는 삼성전자 세트 제품의 경쟁력 약화로 나타날 수밖에 없었다. 핵심부품의 대부분을 일본에 의지하면서 한시라도 빨리 부품사들을 육성해야 할 입장에선 이만저만 큰 일이 아니었다.

그런데도 삼성은 이런 걱정들을 솔직하게 털어놓지 않고 그저 "노조가 없는 대신 직원들에게 최고의 대우를 해주고 있다"는 정도의 얘기만 늘어놓았다. 본질이 아닌 변죽만 울리다보니 국민들의 이해를 구하기도 힘겨워졌다.

삼성이 근로자의 대표조직으로 노조 대신 상대하고 있는 노사협의회는 나름대로 근로자 재교육과 복지수준 향상을 위해 다른 기업의 그 어떤 노조보다도 많은 역할을 해냈지만, 이 역시 '파업권을 갖춘 정통 노조'가 아니라는 이유로 간단히 어용 시비에 휘말리고 만다.

따라서 삼성이 무노조 경영에 따른 논란에서 빠져나오려면 먼저 스스로 이 문제에 대한 콤플렉스에서 벗어나야 할 필요가 있다. 실제 오늘날 글로벌 기업의 시각에서 보면 노조가 없는 것이 무슨 커다란 약점도 아니다. 모토로라, IBM, 텍사스인스트루먼트(TI), 휴렛패커드(HP) 등과 같은 세계적인 IT 기업들에도 노조가 없다. 일본의 아이와, 알프스전기 등도 마찬가지다. 세계에서 가장 오래된 제조업체 중 하나인 미국의 제너럴 일렉트릭(GE) 관계자는 몇 년 전 서울을 방문해 삼성의 성공비결로 '무노조 경영'을 첫손가락에 꼽았다. 리스크를 감내하는 대규모 투자가 종업원들의 조직적인 반발에 부딪히지 않았기 때문에 성공으로 이어졌다는 것이다. 이처럼 무노조 경영을 바라보는 시각도 입장에 따라 천차만별이다.

인권침해는 반성해야

삼성은 또한 임직원들에 대한 경영성과 배분의 확대를 통해 나름대로 '비노조 경영'의 우월성을 입증해 왔다. 일회성이 아닌 지속적인 경영의 성공은 단순히 임금 수준의 향상뿐 아니라 조직 전반의 자부심과 일체감을 불러일으켰다. 삼성전자 같은 회사는 지금 당장 노조설립을 허용해도 그 깃발 아래 모여들 근로자가 거의 없을 것이라고 장담하고 있다.

그럼에도 불구하고 삼성이 과거 노조설립을 막기 위해 동원했던 갖가지 편법 수단들을 정당화할 수는 없다는 것이 필자의 생각이다. 삼성은 그런 적이 없다고 발뺌만 할 것이 아니라 인권탄압 시비와 같은 문제에 대해선 진심으로 반성하는 자세를 보여야 한다.

"그렇다고 노조 설립을 허용하라는 얘기냐"고 묻는다면 여전히 문제의 핵심에 접근하지 못한 언사다. 자신의 말대로 비노조 경영을 하는 것과 근로자의 자율적인 결사를 비합법적인 방식으로 차단하는 것은 엄연히 다른 문제다.

얼마 전 근로자의 휴대전화 위치추적 사건 같은 경우는 삼성이 앞날을 위해 정말 곰곰이 생각해 봐야 할 일이다. 삼성은 이 사건을 그저 쉬쉬하며 감추려 했다. 잘못이 없다면 떳떳하게 기자회견을 열 일이었는데도 사건의 전모를 제대로 공개하지 못했다. 검찰은 삼성 관계자들이 위치추적에 관여한 증거가 없다는 이유로 무혐의 처리했지만 많은 국민들은 싸늘

한 시선으로 이를 지켜봤다. 실제 범법행위 여부에 관계없이 삼성은 초기 대응과정에서부터 성의를 다하지 못했고, 이것이 국민들의 불신으로 연결됐다.

삼성이 이런 문제를 계속 수수방관할 경우 자신들이 주장하고 있는 '비노조 경영의 우월성'은 앞으로도 궁색한 수사에 지나지 않을지도 모른다.

이제, 삼성은 노조 문제의 굴레에서 어느 정도 벗어날 때가 됐다. 실제 그런 조짐도 나타나고 있다. 많은 사람들은 삼성의 무노조 경영이 오히려 기업과 나라를 살찌우고 고용을 확대하는 데 기여한 측면이 있다는 점을 인정하고 있다. 노조가 있고, 없고의 문제는 더 이상 윤리적이고 도덕적인 것으로 간주되지 않는다.

다만 앞서 지적했듯이 근로자들의 자율권을 무리하게 침해하는 행위에 대해선 철저한 내부 반성과 성찰이 있어야 한다. 삼성이 표방하고 있는 수많은 가치들을 살리기 위해서라도 더욱 그러해야 한다.

CHAPTER 2
삼성맨도 모르는 삼성 이야기

01 연봉, 얼마나 받나?

"아유! 정말 재수 없어요." "삼성전자 보너스 얘기 그만 해욧!" "적게 버는 사람들 생각도 좀 해야 하는 것 아닌가요?"

연말연초면 인터넷 주부동호회를 도배질하는 글의 내용들이다. 이때 삼성 직원을 남편으로 둔 주부들은 인터넷에서 왕따를 당한다. '남편이 이번에 수천만 원의 특별보너스를 받았다'는 얘기를 눈치도 없이 꺼냈다간 완전히 십자포화를 맞는다.

평범한 직장에 다니는 남편 월급으로 늘 빠듯한 가계부를 적는 주부들 입장에선 삼성의 보너스 잔치 소식을 들으면 속이 상할 수밖에 없다. 한 푼이라도 아낄 수 있는 생활정보를 얻기 위해 대화방에 들른 사람일수록 더욱 그럴 것이다. 하지만 일부러 자랑하지 않아도 삼성의 연말 보너스는 신문이나 방송을 통해서도 웬만큼 알려진다.

삼성그룹은 2004년에 사상 최대의 실적을 올리면서 그해 말 7,000억 원, 2005년 초에 1조 2,000억 원의 보너스와 성과급을 한꺼번에 나눠줬다. 한 달여 사이에 무려 2조 원에 가까운 돈을 푼 것이다. 국내에 연간 1조 원 이상의 수익을 내는 기업이 10여 개 남짓 되는 현실을 감안하면 놀라운 일이 아닐 수 없다. 이 때문에 부장급 직급만 돼도 간단히 억대 연봉을 넘긴 경우가 많다.

삼성전자 정보통신 총괄사업부에서 중국 마케팅을 담당하고 있는 P부장의 경우를 보자. 그는 83학번으로 1990년에 입사한 16년차 직장인이다.

P씨는 2003년에 총 1억 800만 원 정도의 세전 수입을 올렸다. 우선 기본연봉 6,000만 원에 그해 소속 사업부가 사상 최대의 실적을 올린 데 따른 이익배분 방식으로 연봉의 50%인 3,500만 원을 일시불로 받았다. 여기에 상반기와 하반기에 기본급의 150% 수준에 해당하는 생산성 격려금까지 챙겼다.

삼성의 정규 성과급 지급방식은 크게 두 가지. 하나는 연초에 세운 경영목표를 초과달성했을 경우 초과이익의 20%를 임직원들에게 배분하는 이익배분제(Profit Sharing : PS)다. PS의 지급상한은 연봉의 50%까지이며 실적이 나쁠 때는 한푼도 받지 못한다.

PS가 경상이익을 기준으로 성과를 측정하는 것이라면 PI(Productive Incentive)는 계열사나 사업부의 생산성 향상 정도를 기준으로 지급하는 생산성 격려금이다. 상반기와 하반기에 각각 한 번씩 지급하며 상한선은 기본급의 150%다.

최근 삼성전자 내 반도체와 휴대전화 사업은 호황국면을 달려왔기 때문에 소속 임직원들은 거의 상한선에 근접하는 PS와 PI를 받아왔다.

이런 와중에 삼성전자의 2004년 실적이 2003년 실적을 훨씬 초과하면서 P부장의 2004년 연봉은 더욱 높아졌다. 삼성이 PI, PS와 별도로 연말에 기본급 기준으로 500%의 특별 보너스를 지급한 데 따른 것이다. 결국 P부장의 연봉은 1억 5,000만 원에 육박하게 됐다.

그는 어떻게 생각할까.

"돈을 많이 받는 것은 사실입니다. 제 나이나 경력을 생각해 봐도 그렇지요. 하지만 1년 내내 긴장과 스트레스에 시달린 데 따른 정당한 대가라는 생각도 합니다. 항상 1등을 지향하는 조직문화 때문에 잠시도 편할 날이 없거든요."

그래도 수천만 원의 보너스가 통장에 입금된 날은 무척 기분이 좋았다는 사실을 부인하지는 않는다. 어쨌든 삼성이 다른 기업들에 비해 승진이 비교적 빠른 데다 연봉수준도 높기 때문에 비슷한 또래의 다른 직장인들에 비해 많은 봉급을 받고 있는 것은 사실이다.

이 때문에 삼성에 갓 입사한 신입사원들도 친구들을 만나면 식사나 술값을 내라는 압력에 자주 시달린다. 여고를 졸업한 뒤 반도체 라인에서 일하고 있는 생산직 여사원들도 연말에 1,000만 원이 넘는 성과급을 만진다. 이들 여성 근로자는 자신의 힘으로 야간대학을 다니면서 결혼자금도 넉넉하게 마련할 수 있다. 하지만 삼성그룹 내 같은 직급을 갖고 있는 사람이라도 연봉수준이 천차만별이라는 사실을 아는 사람은 많지 않다.

계열사 간의 격차도 적지 않고 같은 회사 내에서도 '냉탕'과 '온탕'에 비견될 정도로 차이가 크다. 이는 삼성이 실적에 따른 보상원칙을 철저하게 지키고 있는 것과 무관치 않다.

예를 들어 삼성전자 정보통신 총괄 내 휴대전화사업부는 PI와 PS를 거의 상한선까지 챙겼지만 시스템사업부 직원들은 상대적인 실적 저조로 거의 PS를 받지 못했다. 적자를 면하기에 급급한 생활가전 총괄사업부 직원들도 2003년과 2004년에 2년 연속 얄팍한 보너스 봉투를 손에 쥐어야 했다. 이 같은 분위기 때문에 총괄사장들은 소속 임직원들과 신년 인사를 할 때 "우리도 열심히 해서 연봉의 50%를 받아보자"며 각오를 다지기도 한다.

또 삼성전자의 평균 연봉이 계열사 가운데 가장 높은 것도 아니다. 2004년을 기준으로 평균 연봉이 가장 높았던 회사는 삼성토탈로 7,400만 원이었고 삼성전자는 7,130만 원이었다. 삼성토탈은 다른 계열사들에 비해 회사 이름이 덜 알려져 있는 기업이긴 하지만 탄탄한 수익력을 갖고 있는 덕택에 연봉 1위 계열사로 등극했다.

반면 경영실적이 저조했거나 기대에 미치지 못한 삼성전기(3,879만 원)나 호텔신라(3,351만 원), 삼성카드(3,280만 원) 등의 직원들은 주변에서 "삼성 다니는 것 맞냐?"는 얘기를 들으며 씁쓸한 기분을 느껴야 했다.

02 삼성 임원들은 신흥귀족?

VIP 고객들을 대상으로 자산관리를 해주는 시중은행의 PB(Private Banking)팀은 요즘 삼성 임원들을 새로운 고객으로 확보하기 위해 혈안이 돼 있다. 삼성 임원들이 막강한 구매력을 갖춘 신흥 부유층으로 부상하고 있기 때문이다. 그 동안 PB팀이 상대해 온 전통적인 자산가는 부동산 부자들이었다. 땅과 건물을 좋아하는 부자들은 좀처럼 채권이나 주식, 금융 상품에 관심을 갖지 않는다. 경험적으로 기대수익률이 부동산에 비해 낮고 덜 안정적이라고 보는 경향이 있어서다. 빠른 자산운용을 통해 높은 수수료 수입을 기대하고 있는 PB팀으로선 달갑지 않은 현상이다. 부동산이라는 자산은 한번 회전하는 데 수 년씩 걸리는 경우가 다반사다.

이에 비해 삼성의 임원들은 월급쟁이로 살아온 속성상 재테크 수단으로써 부동산에 대한 관심이 상당히 낮다. 급여수준이 높다고는 하지만 수십억 원, 수백억 원의 자금을 한꺼번에 동원할 정도는 아니다. 이 때문에 연봉을 조금씩 떼어내 단기 금융상품에 투자하는 것을 좋아하고 환율 관련 채권이나 해외 주식을 사고파는 거래도 즐긴다. 하지만 삼성에서 10년 정도 임원 생활을 할 수 있다면 상당한 목돈을 쥘 수 있는 것도 사실이다.

PB팀 입장에선 신규임원을 고객으로 맞이해 다년간 잘 '관리' 할 경우 나중에 큰 거래를 성사시킬 수도 있다. 게다가 부자들은 맨투맨 식으로 움직이지만 기업체 임원들은 네트워크를 형성하고 있다. 삼성그룹의 총 임원 수는 1,400여 명에 달한다. 이 가운데 1%만 고객으로 확보해도 14명. 이들이 각각 비슷한 소득 수준의 다른 사람들을 소개해 줄 수 있기 때문에 신규 고객을 확보하는 데도 용이하다는 얘기다.

얘기가 조금 길어졌다. 각설하고, 삼성 임원들은 어떤 대우를 받을까. 또 사장이나 부사장들은 어느 정도의 연봉과 복리후생을 누릴까.

실상을 알면 알수록 입이 딱 벌어진다.

필자와 안면이 있는 삼성전자의 김인수 구주전략본부 부사장은 "연초 연봉안에 사인을 할 때가 되면 '과연 이렇게 많은 연봉을 받아도 되나' 하는 생각을 한다"고 얘기했다. 월급 많기로 소문난 회사에서 20여 년을 다닌 사람이 이런 얘기를 한다면 도대체 어느 정도인지 궁금하지 않을 수 없다.

통상 우리나라 대기업 사장들의 연봉은 2~3억 원대다. 일부 통신업체나 금융사들의 경우 5억 원까지 주는 곳도 있다. 물론 세전 기준이다.

사람마다, 사업부에 따라 무척 편차가 크지만 평균적으로 삼성전자 전무는 5억 원 정도의 연봉을 받는다. 복수의 팀장을 겸직하고 있는 사람이라면 7~8억 원을 받기도 한다. 그런데 이는 세금을 공제하고 난 뒤의 실수령액이다. 대부분의 임원들은 세전 자신의 정확한 연봉이 얼마인지 잘 모른다. 그저 급여계좌에 입금되는 실수령액을 기준으로 추산할 뿐이다.

그래서 임원의 연봉은 일반 직원의 연봉과 말하는 기준이 다르다. 부장이나 차장직급의 경우 일반적으로 세전 연봉을 자신의 연봉으로 밝히는 반면 대부분의 임원들은 세후 연봉만 알고 있다. 이 때문에 한때 삼성이 임원들의 소득세를 대신 내준다는 소문이 나돌기도 했다.

따라서 아래에 서술하는 삼성 임원의 연봉은 세후 기준임을 밝혀둔다.

상무 승진 때 60% 탈락

일반적으로 최하위 임원직급인 상무보의 연봉은 1억~1억 5,000만 원 사이다. 여기에 PS나 PI를 받게 되면 2억 원선을 바라볼 수 있다. 법인 명의의 자동차가 제공되고 유류비 일체가 지급된다. 2005년 신규임원이 된 사람들에게는 현대 그랜저XG 또는 르노삼성의 SM7이 제공됐다.

상무보의 한 단계 윗직급인 상무가 되면 기본 연봉이 3,000만~5,000만 원가량 불어난다. 2~3년의 상무보 생활을 거쳐야 갈 수 있는 자리이기 때문에 임원 생활에 어느 정도 연륜이 쌓이는 시기다. 하지만 상무보에서 '보' 자를 떼기란 쉽지 않다. 60% 이상이 상무보로 회사생활을 마감한다. 따라서 일단 상무가 되면 상무보 생활을 포함해 5~6년 정도의 임원 생활을 예약했다고 할 수 있다.

전무가 되면 가장 많은 변화를 겪는다고 한다. 당장 연봉이 파격적으로 뛰고 기사 딸린 대형 승용차가 제공된다. 회사 내에서 대접도 달라진다. 일단 미래의 CEO 후보군으로 분류되기 때문이다. 몇 년 전 상무에서 전무로 승진한 삼성전자의 주우식 IR 팀장은 "연봉 인상폭이 예상 외로 커서 무척 놀랐다"고 말했다. 각 계열사의 전무 승진자는 구조조정본부가 직접 챙긴다. 진급심사에 관여하고 의견을 낸다. 경우에 따라 이건희 회장이 직접 인사를 할 때도 있다. 보직도 부서장을 보좌하는 역할에서 벗어나 자신의 책임영역을 확보하게 된다. 최고의 대우를 받으며 권한을 갖게 되지만 결과에 책임을 져야 하는 부담을 안아야 한다.

그래서 전무에서 부사장으로 올라서는 것은 정말 어렵다. 김순택 삼성 SDI 사장에게 물어보면 "임원 승진단계 중 부사장 되기가 가장 힘들었다"고 토로한다. 당사자의 능력과 전문성 등에 따라 연봉에서도 그 격차가 많이 벌어진다. 통상 10억~15억 원을 받지만 20억 원 이상을 받는 사람도 있다. 부사장은 사장을 보좌하는 것처럼 보이지만 대부분 자신의 사업부를 갖고 있다. 전무 시절보다 규모도 크고 회사에서 차지하는 비중도 높은 사업부서들이다. 부사장급 이상의 인사는 이건희 회장이 직접 챙긴다. 이 회장이 직접 면접을 봐서 연간 50억 원 이상의 비용을 들여 영입하는 슈퍼(S)급 인재도 대부분 부사장이나 전무의 직책을 받는다.

사장 되려면 운도 따라야

부사장이 되면 이 회장으로부터 직접 전화를 받는 횟수가 늘어난다. 이 회장은 사업진행 상황이 궁금하거나 지시할 일이 있으면 수시로 전화를 거는 스타일이다. 그만큼 업무 긴장도가 높을 수밖에 없고 스트레스도 많이 받는다.

부회장, 회장이라는 직책도 있긴 하지만 사실상 임원 승진의 마지막 단계는 모든 샐러리맨의 꿈인 사장이다. 능력도 능력이지만 운이 따라야 한다. 뛰어난 능력을 갖고도 시운을 제대로 못 만나 문턱에서 탈락한 사람들이 부지기수다.

삼성 사장이 되면 일단 배기량 4,500cc의 에쿠스가 생긴다. 삼성전자의 황창규 반도체 총괄사장이나 이기태 정보통신 총괄사장처럼 1억 원이 넘는 렉서스 최고급 세단을 타고 싶으면 렉서스에서 에쿠스 가격을 차감한 만큼만 회사에 지불하면 된다. 그뿐 아니라 해외 출장길에 삼성 전용기를 마음대로 이용할 수 있다.

사장의 연봉은 엄청나다. 삼성전자의 경우 50억 원을 넘나들고 다른 계열사들도 20~30억 원 정도를 준다. 보통사람이 평생 만져보기도 힘든 돈을 1년 만에 벌 수 있다. 모사장은 "삼성 사장은 국내외 어디를 가도 귀빈 대우를 받는다"며 "어마어마한 연봉과 판공비는 마치 귀족이 된 듯한 느낌을 가져다 준다"고 말했다.

국내에서 삼성과 어깨를 겨룬다는 LG, 현대자동차, SK 등의 사장들은 평소 친하게 지내는 삼성 사장을 만나면 "우리 연봉은 당신네 한 달치 봉급밖에 안 된다"고 푸념을 하기도 한다.

누구나 사장자리를 오래 유지하고 싶어한다. 최상급의 사회적 대우를 받으며 천문학적인 연봉 외에 남들이 경험하기 힘든 다양한 성취감을 누릴 수 있는 자리이기 때문이다.

하지만 삼성은 실적이 나쁘거나 실수를 한 사장을 오랫동안 봐주지 않는다. 문제가 있다 싶으면 가차 없이 도려낸다. 이런 분위기에서 말 한 마디로 사장직을 계속 유지할 수 있다는 것은 그야말로 행운이다.

지금도 삼성 사장단의 부러움을 사고 있는 배동만 제일기획 사장이 그런 경우다. 배 사장은 2003년 말 삼성 사장단 송년모임에서 이건희 회장에게 다음과 같은 건의를 했다.

"앞으로 3년만 더 주시면 제일기획을 명실상부한 글로벌 기업으로 육성할 자신이 있습니다."

사실 이런 얘기는 인사권자인 이 회장 앞에서 쉽게 할 수 없다. 천성이 낙천적이며 넉살이 좋은 배 사장이었기에 할 수 있는 얘기였다. 배석한 사장단은 '위험수위'를 넘은 배 사장의 발언에 놀랐지만 그 다음 이 회장의 대답에 또 한번 놀랐다.

"3년은 너무 길고 2년 만에 한번 (글로벌 기업을) 만들어보지."

결과적으로 배 사장은 그 자리에서 2년의 추가 임기를 보장받은 셈이 됐다.

하지만 배 사장 같은 경우는 극히 예외적이고 대부분의 삼성 사장들은 인사철이 다가오면 누구나 불안해한다. 실적이 좋은 사장이야 상대적으로 느긋할 수 있지만 경영목표치에 미달한 사장은 자신이 세대교체 바람에 내몰리는 것 아닌가 하는 조바심을 갖게 된다. 이 때문에 찬바람이 불기 시작하면 기자들과 인터뷰도 잘 하지 않는다.

사장이나 부사장직에서 물러나게 되면 2년 정도 고문직이 배정된다. 자동차와 별도의 사무실이 제공되고 현직일 때보다야 못하지만 상당한 수준의 급여도 제공된다. 하지만 사장직을 성공적으로 수행한 뒤 부회장으로 승진하는 것은 또 다른 의미가 있다. 그것은 자신이 삼성의 심장부로 나아갔다는 것을 뜻한다.

현재 삼성에서 부회장을 맡고 있는 인사들의 면면을 보면 알 수 있다. 이학수 구조조정본부장, 윤종용·이윤우 삼성전자 부회장 등이 그들이다. 이들은 이건희 회장 체제 아래서 '일인지하 만인지상'의 파워를 갖고 있다. 이 회장을 대신해 사장단을 통괄하며 그룹 또는 개별 기업의 전략적 의사결정을 주도한다. 연봉도 50억 원을 훌쩍 뛰어넘어 60~70억 원 수준을 오르내린다.

자동차 역시 최고급 외제승용차가 주어진다. 사장단과 달리 개인비용을 부담하지 않아도 된다. 이학수 부회장은 아우디 A8, 윤종용 부회장은 벤츠 S클래스, 이윤우 부회장은 BMW 7시리즈를 탄다.

03 전격 폐지된 스톡옵션

최근 삼성은 경영진에 대한 성과보상체계로 활용해 온 스톡옵션(주식매수선택권)제를 전격 폐지했다. 대신 최근 3년 간의 업무실적을 근간으로 하는 새로운 보상시스템을 2005년 말부터 도입하기로 했다.

이 시스템은 특히 제한된 상장 계열사의 제한된 임원들을 대상으로 부여해 온 스톡옵션과 달리 모든 계열사의 전체 임원을 대상으로 한다는 점에서 삼성의 기존 성과보상체계에 전면적인 변화를 예고하고 있다. 재계 1위 삼성의 이 같은 움직임은 다른 기업들에도 상당한 영향을 미칠 것으로 보여 스톡옵션의 효용을 둘러싼 논란이 재연될 가능성도 없지 않다.

삼성이 새로 시행할 중장기 성과보상 시스템은 신규 임원인 상무보로부터 최고경영자에 이르는 모든 임원을 대상으로 최근 3년 간의 성과 등을 평가해 특별 현금 보너스를 지급하는 형태로 운용된다. 특별 보너스의 금액은 직급과 직종에 따라 수천만 원에서 수십억 원까지 다양하게 책정

될 예정이다.

　삼성이 이 같은 시스템을 도입하는 것은 현행 스톡옵션 제도가 계열사 간 위화감을 조성할 뿐만 아니라 경영실적에 연동하는 당초 취지와는 달리 주가동향 등 요행에 의해 차익이 결정된다는 지적이 많은 데 따른 것으로 풀이된다. 특히 삼성전자를 중심으로 한 일부 경영진들이 수 년 전에 받은 스톡옵션으로 수백억 원의 '대박'을 터뜨렸다는 소식이 최근 삼성의 독주를 경계해야 한다는 '삼성공화국론'과 맞물려 사회 전반의 위화감으로 연결되고 있는 데 대해 상당한 부담을 느낀 것으로 관측된다.

　새 제도가 도입될 경우 비상장사로 상당한 실적을 내면서도 스톡옵션을 받지 못해 상대적인 박탈감을 느껴왔던 생명, 코닝정밀유리, 토탈, 에버랜드, SDS 등의 임원들은 앞으로 적지 않은 혜택을 입을 전망이다.

아, 옛날이여

하지만 앞으로 임원승진을 바라보고 있는 직원들에게 스톡옵션 폐지는 그다지 반가운 소식이 아니다. 스톡옵션제도 하에서 삼성전자의 경우 일단 임원만 되면 노후걱정을 하지 않아도 될 정도로 대박이 터질 가능성이 높았기 때문이다.

　스톡옵션은 회사가 발행하는 신주나 자사주를 일정한 가격에 살 수 있는 권리를 일컫는다. 통상 2~3년이 지나야 행사할 수 있으며 스톡옵션을 받을 때 정한 가격과 행사 당일 종가의 차이가 실제로 버는 금액이다. 예를 들어 3년 전에 정해진 스톡옵션 가격이 주당 1만 원이고 현재 주가가 3만 원이라면 당사자는 회사로부터 주당 1만 원에 주식을 사들여 2만 원의 차익을 챙길 수 있다는 얘기다. 물론 주가가 행사가격보다 낮으면 행사하지 않아도 된다.

삼성은 2000년과 2001년 두 해에 걸쳐 주요 임원들에게 대규모 스톡옵션을 부여했다. 직급마다 차이가 있긴 했지만 한번 제공할 때마다 1인당 5,000~10만 주에 이르는 규모였다.

이는 삼성을 글로벌 기업으로 키우려면 임원 보수를 세계 일류기업의 수준으로 끌어올려야겠다는 이건희 회장의 의지가 작용한 것이다. 실제 삼성전자는 이때부터 스톡옵션뿐 아니라 등기임원들의 보수한도도 대폭 상향 조정했다.

2000년 14억 8,600만 원이었던 등기 임원(사내 이사 기준)의 평균 연봉은 2001년 35억 7,000만 원, 2002년 52억 6,000만 원 등 해마다 20~30%씩 늘어나더니 2005년엔 90억 5,000만 원까지 치솟았다. 지급 대상자는 단 6명. 이건희 회장, 윤종용·이학수·이윤우 부회장, 최도석·김인주 사장이 그들이었다.

윤종용·이학수 부회장 500억 원대 차익

하지만 이처럼 어마어마한 연봉도 이들이 받은 스톡옵션의 가치에 비하면 큰돈이 아니다.

삼성전자에서 가장 많은 19만 주 상당의 스톡옵션(이건희 회장은 특수관계인이기 때문에 스톡옵션을 받을 수 없다)을 받아둔 윤종용·이학수 부회장의 경우 주가 50만 원선에서 스톡옵션을 행사할 경우 500억 원이 훨씬 넘는 차익을 거둘 수 있다. 7만 주의 스톡옵션을 받아 최근 3만여 주를 처분한 이윤우 부회장은 75억 원 상당의 차익을 실현시킨 상태다.

똑같은 상황을 전제로 김인주 구조본 사장, 이기태 정보통신 총괄사장,

이상완 LCD 총괄사장, 황창규 반도체 총괄사장, 임형규 사장(삼성종합기술원장), 최도석 경영지원 총괄사장 등도 200억 원이 넘는 돈을 벌 수 있다.

이 가운데 최 사장은 2004년 초 두 차례에 걸쳐 2만 주의 스톡옵션을 행사해 31억 원 상당의 차익을 얻었다. 재미있는 것은 이 돈의 행방이었다. 많은 사람들은 최 사장이 개인 용도의 자금을 마련하기 위해 스톡옵션을 행사한 것으로 알았지만 실상은 재판에서 패소한 뒤처리를 하기 위한 것이었다.

사건의 발단은 1998년 10월로 거슬러 올라간다. 당시 참여연대는 이건희 회장과 최도석 사장 등 삼성전자 전·현직 등기이사 6명을 상대로 "노태우 전 대통령에 대한 뇌물공여, 부실기업 인수, 계열사 부당 지원 등으로 회사에 막대한 손실을 끼쳤다"며 주주대표 소송을 냈었다. 이 소송에서 1심 재판부는 3년을 끌다가 "이 회장에게 75억 원, 나머지 피고들에게 902억 원을 배상하라"는 판결을 내렸다. 삼성은 불복했지만 2003년 말 2심 재판부는 배상액을 낮춰 "이 회장에게 70억 원, 나머지 피고들에 대해서는 120억 원을 배상하라"고 판결했다.

이 회장을 제외한 5명의 등기이사들이 어떤 방식으로 배상금을 분담했는지는 알려지지 않았지만 최도석 사장이 스톡옵션을 통해 자신의 몫(?)을 처리한 것은 분명하다. 최 사장 입장에선 돈이 아까웠을 수도 있다. 재판에서 문제가 된 사안들이 개인적인 이해관계가 아니라 사내 다수가 참여한 의사결정에 의해 정해졌기 때문이다. 또 31억 원이란 돈도 결코 작은 액수가 아니었다. 하지만 최 사장은 선선히 배상금을 냈다고 한다.

경영에 무한책임을 지는 등기이사로서 금전적으로 상당한 혜택을 받고 있는 것이 사실인 만큼 책임질 일이 있을 때는 과감하게 져야 한다는 것이다.

엇갈리는 희비

스톡옵션 때문에 희비가 엇갈리는 경우도 비일비재하다. 스톡옵션을 제공받은 시기와 행사하기까지의 기간 사이에 신상에 변화가 일어나는 경우가 많기 때문이다. 삼성은 통상 3년이 지나야 행사자격을 부여하고 있는데, 3년 이내에 소속사가 바뀌면 스톡옵션은 자동으로 소멸된다.

삼성전자 소속으로 구조본에서 부사장의 신분을 유지하고 있던 이우희씨나 이창렬씨가 전형적으로 피해(?)를 입은 경우다. 이들은 각각 에스원 사장과 일본 삼성 사장으로 승진해 자리를 옮겼지만 아직 연한이 차지 않은 수만 주의 스톡옵션은 포기해야 했다. 돈보다 명예가 더 중요하다고 얘기할 수도 있겠지만 포기해야 하는 금액이 100억 원에 육박한다면 조금 다른 생각이 들 수도 있을 것이다.

참여정부 출범 이후 정보통신부 장관으로 입각한 진대제씨도 삼성전자를 떠나는 바람에 100억 원 이상의 차익을 기대할 수 있었던 스톡옵션 물량을 날려버렸다. 2000년에 받은 권리는 살아 있었지만 2001년에 제공받은 스톡옵션은 행사조건을 충족시키지 못한 것이다.

반대로 사장 승진에선 계속 누락돼 왔지만 같은 소속에서 근무한 덕택에 동기급 사장들보다 훨씬 많은 스톡옵션을 갖고 있는 부사장들도 있다.

스톡옵션을 받는 시기도 중요하다. 삼성전자의 경우 대규모 스톡옵션이 지급된 2000년과 2001년의 평균 주가는 각각 10만 원대 후반과 20만 원대 후반이었다. 요즘 시세와 비교하면 상당히 싼 가격에 기준가가 형성된 것이다. 하지만 2005년 초 50만 원 안팎을 기준으로 스톡옵션을 받은 신규 임원들의 경우 앞으로 3년 후 주가가 100만 원이 돼야 100%의 차익을 얻을 수 있다.

증권가에선 삼성전자의 내재가치가 100만 원이 넘는다고 얘기하는 사람들도 있지만 역대 삼성전자 최고의 주가가 63만 원선이었던 점을 감안하면 당장 100만 원선을 기대하기는 어렵다는 지적도 있다.

이렇게 보면 삼성의 스톡옵션을 사행성의 극치를 달리고 있는 로또복권에 비유하는 것도 어느 정도 이해할 수 있다. 금액도 크지만 소속 회사와 자신의 입지에 따라 어느 정도 운이 작용하고 있는 것 또한 사실이기 때문이다.

스톡옵션은 분명 개인과 조직의 성취동기를 진작시키고 평범하고 성실한 샐러리맨들에게 정당한 대박의 꿈을 품게 하는 순기능을 갖고 있지만 대중의 예상치를 뛰어넘는 과도한 차익이 발생할 경우 회사 자금과 조직운용에 부담을 줄 수도 있다.

바로 그런 이유로 많은 해외 기업들은 단계적으로 스톡옵션 제도를 폐지하거나 비중을 축소하는 작업을 벌이고 있다.

미국 제조업의 양대 간판기업인 GE와 마이크로소프트(MS)가 2003년 스톡옵션제를 전격 폐지한 데 이어 코카콜라, IBM, 델, 오라클 등도 스톡옵션을 회계상 비용으로 처리해 점차 규모를 축소하고 있다.

04 삼성 인재경영의 비밀

인사정책은 기업의 일급 기밀이다. 누구에게 어떤 대우를 해주고 어떤 사람을 인재로 선호하는지가 공개되면 경쟁사 앞에 자신의 전력을 고스란히 노출하게 된다.

과거 여러 프로야구 구단의 감독을 지냈던 김성근 감독은 경기 시작 직전까지 배팅 오더를 내놓지 않았다. 너무 '세밀하고 재미없는 야구'를 한다고 비판도 많이 받았지만 그는 끝내 고집을 버리지 않았다. 10여 명이 하는 야구경기도 이 정도인데 수만, 수십만 명을 거느린 기업조직들이 뒤엉켜 있는 무한경쟁 시장은 오죽하겠는가.

삼성의 인사정책 역시 철저하게 베일에 가려져 있다. 인사팀 스스로도 외부 노출을 극히 자제한다. 아무리 절친한 동료일지라도 업무와 관련된 얘기는 일절 하지 않는다. 최근 삼성전자 홍보팀 전무로 전격 영입돼 화제를 모았던 이인용 전 MBC 앵커의 일도 사전에 알고 있던 사람은 극소수였다. 30여 명에 달하는 삼성전자 홍보팀 임직원들도 새까맣게 몰랐다.

사정이 이러하니 일반인들이 삼성의 인사정책에 대해 알고 있는 수준도 지극히 얕을 수밖에 없다. 선대 이병철 회장이 추구해 온 '인재제일' 경영을 요즘도 지속하고 있다는 점과 놀라울 정도로 많은 인재를 확보하고 있다는 것 정도가 회자될 뿐이다.

삼성의 높은 연봉 수준에 놀라워하는 사람들도 삼성이 인재발굴과 육성에 얼마나 많은 열과 성을 기울이는지 구체적으로 알고 있는 이는 많지 않다.

이제 삼성 인사정책의 은밀한 베일을 하나하나씩 벗겨보자.

핵심인재가 중추

2004년 10월, 일본 〈니혼게이자이신문〉의 자매지 〈니케이 비즈테크〉는 삼성의 인재경영에 대한 특집을 게재했다. 인재경영을 기술경영과 함께 삼성 경쟁력의 양대 축이라고 소개한 이 잡지는 "삼성이 글로벌 인재경영의 확대를 통해 더 큰 성장을 추구해 왔다"며 삼성이 특유의 인재경영을 통해 앞으로도 해외 거대 IT기업을 제쳐나가는 '역전의 방정식'을 계속 구사할 수 있을지 관심"이라고 보도했다.

여기서 이 잡지가 '역전의 방정식'이라는 표현을 쓴 이유는 과거 일본 등의 기술력과 브랜드 파워에 밀려 헐값의 가전업체를 생산하던 삼성이 21세기 들어 세계적인 IT 기업으로 변신하며 세계 유수기업들을 제친 것을 염두에 둔 것으로 풀이된다.

〈니케이 비즈테크〉는 삼성이 세계 전자 업계의 헤게모니를 잡게 된 배경을 인재경영에 초점을 맞춰 해설했다.

그렇다면 삼성의 인재경영에는 뭔가 특별한 점이 있을까. 한국적 교육 풍토 속에서 발굴된 비슷한 인재와 거의 표준화돼 있는 인력양성 프로그램을 갖고 있는 다른 기업들과 어떻게 다른 것일까.

삼성 인사의 차별화 포인트는 핵심인재를 인재경영의 중추로 삼고 있다는 점이다. 핵심인력은 삼성 전체 인력의 3% 정도로, 그룹 전체로 4,000명 안팎에 달한다. 삼성전자만 2,800명 정도를 보유하고 있다. 핵심인력을 선정하는 기준과 대상자, 급여와 대우 등은 특급 기밀로 좀처럼 공개되지 않는다.

핵심인력은 S(Super), A(Ace), H(High Potential) 등의 3등급으로 분류돼 특별 관리를 받는다. 자신이 핵심인재인지, 어떤 등급으로 분류되는지는 알 수 없다. 본인에게 통보를 하지 않기 때문이다.

최고경영자급 대우를 받는 S급은 그룹 핵심사업을 진두지휘하며 첨단기술이든, 글로벌 마케팅이든 특정 분야에 최고의 전문성을 갖고 있는 인물이다. 전체 핵심인력의 10%가 채 안 되지만 그룹에서 행사하는 영향력은 작은 계열사 사장급과 맞먹는다. 보직이나 역할에 따라 천차만별이지만 연봉도 천문학적인 수준이다. S급 중엔 삼성전자에서 이건희 회장을 제외하고는 최고 대우를 받는다는 윤종용 부회장보다 더 많은 연봉을 챙기는 사람들이 10명을 웃돈다.

핵심인력의 20~30% 정도를 차지하고 있는 A급은 주력사업의 핵심 추진인력들이 대부분이다. S급 정도의 파워나 의사결정권을 갖고 있지는 않지만 소단위 사업을 자기 책임 아래 확실하게 챙길 수 있고 글로벌 경쟁력도 월등해야 한다. 직급별로는 상무에서 전무군에 폭넓게 포진하고 있는 것이 특징이다.

H급은 말 그대로 잠재력이 뛰어난 인재를 일컫는다. 장래 S급이나 A급으로 육성할 수 있는 소질을 갖고 있으며 중요한 태스크 포스팀 등을 순환하며 경험을 축적하는 기회를 갖는다.

평사원 중에서도 H급이 있다. 국내외 유명대학의 상위 5% 안에 들고 자신만의 특장을 갖고 있으면 H급으로 분류될 가능성이 높다.

"화장실 미리 다녀오세요"

삼성이 이들 핵심인재를 확보하기 위해 기울이는 노력은 눈물겨울 정도다. 당장 이건희 회장부터 열성적으로 나서고 있다. 이 회장은 외부에서 영입하는 모든 S급 인재를 직접 인터뷰한다. 면접장소는 주로 한남동 승지원이다. 승지원 대기실에 도착한 S급 인재는 이 회장과 만나기 전에 한 가지 당부사항을 듣게 된다. 화장실을 미리 다녀오라는 것.

이 회장이 식사를 곁들여 거의 하루 종일 면접을 보기 때문에 생리현상으로 인해 자칫 대화 도중에 낭패를 겪을 수도 있어서다. 한용외 삼성문화재단 사장은 "이 회장은 그룹의 핵심사업을 이끌어갈 인물이라는 점을 고려해 통상 10시간 이상을 들여 업무 역량뿐 아니라 사람 됨됨이를 관찰한다"고 전했다.

핵심인재를 영입하는 데는 이 회장의 장남인 이재용 삼성전자 상무도 결코 뒤지지 않는다. 삼성본관 25층에 자리잡은 그의 방에는 '삼고초려(三顧草廬)'라는 글귀가 담긴 액자가 걸려 있다. 한 사람의 핵심인재를 영입하기 위해 과거 구한말의 유비가 제갈량을 상대로 삼고초려를 했던 것처럼 성심을 다하겠다는 의지다. 이 상무는 최근 그룹 내 상위 20% 안에

드는 연구·개발(R&D) 인력을 장차 S급 인재로 양성하기 위한 방안 마련에 나서고 있다.

계열사 사장들 역시 먼 산만 구경하고 있을 수는 없는 여건이다. 핵심인재를 얼마나 확보했느냐 여부로 평가를 받기 때문이다. 연말 사장단 인사 때 이 부분이 반영되는 배점은 총점 100점 중 30점. 경영실적에 버금가는 수준이다. 목표에 미달하면 좋은 평가를 받을 수 없고 경우에 따라 자리를 내놔야 한다.

이 때문에 사장단은 해외출장을 갈 때 반드시 핵심인재 영입작업을 벌인다. 거래선과의 미팅 등이 끝나면 인근 대학가를 찾아 강연을 하거나 대상자를 만나 직접 영입교섭을 벌이기도 한다. 삼성전자의 이기태·황창규·이상완·최지성 사장과 삼성SDI 김순택 사장, 삼성전기 강호문 사장 등은 특히 열성적이다.

아래는 김인수 삼성전자 구주총괄 부사장(전 인사팀장)의 경험담이다.

"제가 세계 유수 골프장을 안 가본 곳이 없어요. 웬만큼 유명하다는 곳은 모조리 섭렵했지요. 출장길에 엉뚱한 짓을 했다고요? 아닙니다. 회사 입맛에 맞는 인재를 찾아서 모시고 다닌 겁니다. 물론 골프를 좋아하지 않는 분들이라면 골프장 외에 다른 곳에서 접촉을 하지요. 참 구석구석 안 다녀본 곳이 없어요. 인적 드문 시골 대학교에서 메트로폴리탄 초특급 호텔에 이르기까지…. 성과도 있었지만 실패도 많았어요. 2004년 가을로 기억합니다. 미국 출장길에 올랐다가 별 소득도 없이 인천공항에 내렸는데 참 허탈합디다. 회사가 S급 인재로 찍어 봄부터 이런저런 공을 들인 R이라는 인물이 있었는데, 최종 담판을 지으러 갔다가 잘 안 됐거든요. R씨는 지금도 세계 IT 업계의 거물급 인사로 현지 엔지니어들에게도 상당한 영향력을 갖고 있는 인물이에요. 일단 데려오기만 하면 그의 영향권 내에 있는 핵심 엔지니어들도 굴비 엮듯이 다 영입할 수 있는 상황이었어요. 뉴욕에 도착한 뒤 로컬 비행기를 갈아타고 R씨를 만났지요. 그 양반이야 제가 온 이유를 빤히 알고 있었지만 처음에는 '당신을 영입하고 싶다'는 얘기를 최대한 아꼈습니다. 명함을 교환한 뒤 전자 업계의 최근 동향 등에 대해 간략한 의견을 나눴지요. 문득 제가 물어봤어요. '당신네 회사는 10년 후에 어떤 모습을 그리고 있느냐'고. R씨는 얼굴에 알 듯 모를 듯한 미소를 흘리며 즉답을 하지 않았어요. 다만 삼성의 약진에 대한 이런저런 감상을 늘어놓을 뿐이었어요. 첫날은 그렇게 보냈어요. 다음날 아침, 이번엔 선물을 싸들고 찾아갔습니다. 삼성이 자랑하는 대형 LCD TV였습니다. 단도직입적으로 영입의사도 밝혔습니다. 50억 원대 연봉과 100평짜리 아파트 제공을 조건으로 제시했어요. 하지만 대답은 'No'였습니다. 맥이 탁 풀리대요. 그는 거절 이유를 이렇게 얘기합디다.

'처음부터 당신이 찾아온 이유를 알고 있었다. 그래서 당신이 돌아간 뒤 어젯밤에 아내와 상의를 했다. 그랬더니 아내가 서울엔 친구도, 친지도 없는데 가고 싶지 않다고 하더라. 내 입장에선 아내의 의사를 존중할 수밖에 없다. 좋은 기회였는데 아쉽긴 하지만 이해해 달라.'

다른 것도 아니고 가족이 반대한다는데 뭐라고 할 말이 없대요. 대신 학술회의 등을 위해 한국이나 일본을 찾을 일이 있으면 언제든 연락 달라고 했어요. 아무런 조건 없이 만나 동종 업계의 친구로 사귀고 싶다고 말입니다. 하지만 저는 포기하지 않았습니다. 인사팀장 자리에 있는 한 끊임없이 그를 접촉할 것이고, 제가 자리를 옮기게 되면 또 다른 사람이 R씨를 찾아나설 겁니다. 사실 어떤 이는 제가 일곱 번을 만나 영입을 성사시킨 적도 있어요. 이 바닥에서 첫시도에 안 된다고 포기하면 바봅니다…바보."

김 부사장이 들려준 일화는 삼성이 핵심인재를 영입하기 위해 얼마나 치열한 접근전을 펼치는지 잘 보여주고 있다. 삼성은 2004년에 총 450여 명의 핵심인재를 영입했다. 이들을 영입하는 데 사용된 운영 경비는 무려 1,000만 달러에 달했다. 이 가운데 미국·유럽·중국·인도 등에 설치돼 있는 글로벌 채용 거점(International Recruiting Officer : IRO) 운영비를 제외한 순수비용은 600만 달러 정도. 1인당 1,500만 원 정도가 교제비 등으로 지출된 셈이다.

지키는 일도 중요

물론 돈을 많이 들여 뛰어난 인재를 데려올 수 있다면 큰 고민거리는 아니다. 문제는 R씨의 경우처럼 한국에서의 생활문제, 이질적인 문화에의 적응, 가족들의 반대 등이다.

이들 문제를 해결해 주지 못하면 애써 영입한 인재들이 쉽게 회사를 떠날 수도 있다. 그리고 이렇게 떠난 사람들은 돌아가서 삼성에 대해 우호적인 얘기를 하기가 쉽지 않다. 삼성이 표면적으로 아무리 잘 해준다고 하더라도 말이다. 이는 결국 다른 인물들을 영입하는 데도 걸림돌로 작용할 공산이 크다. 어느 업종보다도 정보교류가 활발한 세계 IT 업계에서 한번 평판이 나빠지면 회복 불능이다.

삼성은 이 때문에 일단 영입한 핵심인재를 관리하는 데도 심혈을 기울인다. 우선 해외에 남아 있는 영입 대상자의 가족들에게 상당히 세심한 배려를 한다. 좋은 관광상품을 만들어 서울과 제주도 등으로 가족동반 여행을 보내주기도 하고 한국의 전통문화를 소개하는 책자를 정기적으로 제공하기도 한다. 국내에 들어온 자녀를 위해선 외국인 학교를 알선해 준다.

초기 업무 부담도 최소화시켜 준다. 단기실적에 대한 부담을 떨치고 조직에 연착륙할 수 있도록 해주기 위해서다.

삼성전자가 2004년 7월 글로벌 마케팅 담당 중역으로 채용한 이종석 보좌역이 대표적인 사례다. 미국 캘리포니아 대학 생화학 석사와 코넬대학 경제학 석사를 거쳐 P&G 브랜드 매니저, 캘로그 한국지사장, 존슨&존슨 아태지역 마케팅 담당 부사장을 역임한 그는 삼성전자가 무려 7년이나 공을 들여 데려왔다. 1963년생인 점을 감안하면 그는 34세 때부터 강력한 러브콜을 받은 셈이다. 삼성은 그를 영입하고도 즉각 현업에 배치하지 않았다. 일정 기간 업무흐름을 익히며 조직문화에 적응할 여유를 준 것이다.

삼성은 이 같은 배려 외에 최고위층을 중심으로 멘토(mentor)제를 운영하고 있다.

윤종용 부회장의 경우 자신이 멘토를 맡은 S급 인재 한 사람과 매달 한 번씩 식사를 하거나 면담을 갖고 있다. 그는 "하늘이 두 쪽 나도 이 약속은 지킨다"고 강조한다. 대화는 복잡한 현안들이 배제되고 가족들 안부를 묻는 데서 시작된다. 일상의 크고 작은 고충과 애로들을 물어보고 출퇴근에 불편함이 없는지도 세세하게 체크한다. 면담이 끝나고 나면 윤 부회장은 직접 메모를 작성해 관련부서에 업무지시를 내린다.

삼성전자의 최도석 경영지원 총괄사장 역시 이런 식으로 핵심인재들과 정기적으로 면담을 갖는다. 멘토 역할을 맡은 사람은 매달 면담보고서를 제출해야 할 뿐 아니라 상대의 개선 건의나 요청사항을 받아들여 즉각 시행해야 한다. 만약 핵심인재가 석연찮은 이유로 회사를 그만두게 되면 일차적으로 책임을 져야 하는 사람 역시 멘토다.

퇴직 조기경보제

그렇다면 천문학적인 비용을 들여 핵심인재를 영입·육성하고 있는 삼성이 이 정도의 시스템에 만족할까. 아니다. 삼성은 핵심인재를 둘러싼 모든 관리망을 거미줄처럼 엮어놓았다.

조기 퇴직경보제가 그 중 하나다. 4,000여 명의 핵심인재들을 대상으로 퇴직 가능성 정도에 따라 '3색 경보체제'를 은밀하게 가동하고 있는 것. 녹색이면 안정적, 황색이면 약간 불안, 적색이면 퇴직 가능성이 고조되고 있다는 식의 분류다. 퇴직 가능성이 있다고 판단되는 사람에 대해선 즉각 중점 관리에 들어간다. 대인관계를 파악하고 개인 전문성과 업무의 불일치 여부 등을 정밀하게 진단해 조기 퇴직을 최소화하는 것이 목표다.

실제 충성도가 상대적으로 약한 외부 인재들이 기밀을 포함한 업무 전반을 익혀 덜컥 다른 기업으로 옮겨가면 보통 걱정이 아니다. 철저한 보안을 유지해 온 기술개발 계획이나 경영 노하우들이 그대로 누출되는 것이다.

삼성이 작성한 2004년 통계에 따르면 S급은 100%, A급은 99%, H급은 98% 정도가 녹색등급을 받았다.

삼성은 이 같은 경보제 외에 외국인 임직원들의 일상생활을 도와주는 별도 시스템을 운영하고 있다. 외국인들은 입사하면 일단 'Employee Guide Book'이라는 이름의 두꺼운 책자를 제공받는다. 영어판·일어판으로 제작된 이 책에는 인사제도, 편의시설, 회사소개, 주거정보, 금융·의료시설 이용법 등이 자세하게 소개돼 있다.

여기에 각 사업장에는 'Global Help Desk'라는 명칭을 가진 지원조직이 설치돼 있다. 영어 요원 10명, 일본어 요원 10명 등으로 구성된 지원팀은 핵심인재의 크고 작은 집안일과 차량관리, 해외출장시 비자업무 처리 등 거의 모든 일을 대신 챙겨준다.

삼성은 또 가족을 고국에 두고 홀로 생활하는 외국인들을 위해 해외 가족들의 현지 일자리도 구해준다. 여건이 좋지 않으면 삼성 해외법인에라도 일자리를 만들어준다.

또 외국인 핵심인재들에겐 연봉 외에 다양한 인센티브도 제공되고 있다. MDI(Market Driven Incentive)나 TDI(Technology Driven Incentive) 등의 명목으로 제공되는 인센티브는 연간 수백만 원에서 수억 원까지 책정돼 있다. 하지만 이 모든 시스템보다도 앞서 있는 것은 핵심인재를 오랫동안 붙들어두려고 하는 그룹의 강력한 의지다. 윤종용 부회장은 이미 "외부에서 왔다고 텃세를 부리거나 따돌리는 일이 생기면 결코 좌시하지 않겠다"는 경고를 여러 차례 날린 바 있다. 이건희 회장 역시 "남의 뒷다리를 잡은 인사들은 절대로 용납하지 않겠다"는 결연한 의지를 강조하고 있는 터다.

내부 임직원과 외부 영입인재들의 상생풍토를 조성하지 않으면 당초 목표로 했던 회사의 글로벌 경쟁력 확보는 한낱 공염불에 불과하다는 판단에서다.

05 인재경영 문답풀이

핵심인재를 축으로 짜여진 삼성의 인사 시스템은 상당히 복잡다단하다. 복합적인 기준과 내용들이 매트릭스처럼 얽혀 있어 이해하기도 쉽지 않다. 핵심인재와 비핵심인재 간 처우도 어떻게 차별화되는지 정확하게 알려져 있지 않다.

여기에다 석·박사 학위 소지와 핵심인재 인정 여부와의 상관관계, 임원과 핵심인재의 일치 정도 등도 삼성에 몸담고 있는 직원들에겐 상당히 궁금한 사안들이다. 이 모든 문제를 문답풀이로 알아본다.

핵심인재 중 정규 공채파와 외부 영입파를 분류하면 어느 정도의 비율인가
"50 대 50이다. 경영의 글로벌화가 급진전되면서 영입쪽 비중이 갈수록 늘어나고 있다."

외부 출신들은 상대적으로 조직에 대한 충성도가 떨어지는 것 아닌가. 왜 기존 인력을 키우지 않고 외부에서 데려오나

"이 점이 다른 기업과 차별화되는 삼성 인사의 특징이다. 삼성은 2000년 이후 내부 공채기수 중심의 '순혈주의'를 버렸다. 언제 어디서든 능력과 전문성을 갖춘 사람이면 뽑겠다는 '혼혈주의'를 인사의 원칙으로 정했다. 충성심 문제는 공채파든, 영입파든 큰 차이 없다. 또 시대적 흐름이 과거의 봉건적 충성심을 요구하지도 않는다.

삼성은 또 경영 전반에 스피드가 강조되면서 '선(先)확보·후(後)양성'식의 '양어장' 방식을 포기하고 양성된 인력을 필요한 때에 채용하는 '낚시형'으로 채용정책을 전환했다. 앞으로는 아주 오랫동안 보유해야 할 핵심인력, 외부에서 확보하기 어려운 특수인력만 사내에서 양성한다는 방침이다."

공채를 통해 들어온 신입사원도 핵심인재로 분류될 수 있나

"물론이다. 대학교 졸업성적과 어학능력 등을 감안해 자질이 뛰어나다고 판단되면 일단 H급으로 분류한다. 미국의 경우 상위 20개 대학에서 상위 5% 안에 드는 졸업생들이 대상에 포함된다."

비핵심인재라도 나중에 핵심인재로 분류될 수 있나

"당연하다. 거꾸로 핵심인재가 나중에 비핵심으로 재조정되기도 한다. 공채 출신이 핵심인재로 대접받으려면 기본적으로 영어 등의 어학실력을 갖춰야 한다. 여기에 삼성이 요구하는 도덕성에 디지털 컨버전스 업무를 수행할 수 있는 능력을 갖춰야 한다."

H급은 어떤 과정을 통해 A급으로 격상되나

"맡은 분야에서 괄목할 만한 실적을 내야 한다. 실적이 없다면 두드러지게 조직에 기여했다는 평가를 받아야 한다. A급은 세계 일류를 의미한다. 휴대전화 사업으로 예를 들면 디자인이든, 마케팅이든 노키아 같은 회사와의 경쟁에서 이길 수 있다는 실력을 입증해야 한다."

핵심인재 여부를 본인이 알 수 있나

"전혀 통보하지 않는다. 기밀이기 때문이다. 다만 본인이 느낌으로 아는 경우는 있다. 급한 현안이 생겨 태스크 포스를 구성할 때 대부분 핵심인재들로 팀을 꾸리기 때문이다. 핵심인재들끼리도 서로 알아보는 경우가 있다. 이는 자연스러운 흐름이기도 하다."

석·박사 학위를 따면 얼마나 도움이 되나

"그 자체로는 도움이 안 된다. 학위 취득이 개인의 업무능력이나 실적향상으로 분명하게 이어져야 한다. 삼성전자만 하더라도 1만 명이 넘는 석·박사 학위 소지자들이 있지만 그 중 80% 이상이 비핵심인재다."

핵심인재는 임원 승진에 어떤 혜택을 받고 있나

"직접적인 인과관계가 없다. 특히 신규 임원을 선임할 때는 핵심인재 여부를 크게 가리지 않는다. 인사상의 혜택이라면 경력관리나 자기계발 기회가 좀더 많이 주어지는 정도일 것이다. 물론 이런 기회가 향후 승진에 도움이 될 것임은 분명하다."

그렇다면 일반 직원들은 전혀 불이익을 받지 않나

"그렇다. 임원 승진은 별도의 기준과 요건을 정해서 실시한다. 비핵심인재들의 업무도 대단히 중요하다. 핵심인재만 우대한다면 조직의 균형이 무너진다는 것이 인사팀의 판단이다."

핵심인재의 퇴직률은 어느 정도인가

"3% 미만이다. 그것도 회사가 싫어서 떠난다기보다는 자녀 교육문제 등의 가정적인 요인이 대부분이다."

인문계 출신과 이공계 출신들에 대한 인사정책이 다른가

"차별화되는 부분이 많다. 업무의 성격에 따라 서로 다른 기준을 적용한다. 직급체계·임금체계 평가 및 보상체계도 다를 수밖에 없다. 예를 들어 일반직은 금전보상보다는 과감한 발탁을 포함한 승진에 인사관리의 초점을 맞추고 있고 연구직은 성과에 대한 인센티브 등을 중심으로 관리하고 있다."

06 구조조정본부의 파워

외환위기가 대기업들의 문어발식 확장과 방만한 경영에 따른 과다 차입에서 비롯됐다는 분석이 있었다. 1997년의 금융위기가 한보, 대농, 기아 등이 차례로 무너지면서 촉발됐기 때문에 이 분석은 타당성이 있어 보였다. 한때 재계 서열 2위였던 대우가 1999년 허망하게 붕괴돼 금융위기가 재연됐을 때도 비슷한 논리가 득세했다.

IMF(국제통화기금) 치하에서 대기업들은 혹독한 시련을 겪어야 했다. 글로벌 스탠더드라는 이름으로 들어온 경영기법들은 과거 한국적 경영방식을 송두리째 부정했다.

정부도 대기업의 경영방식을 획기적으로 바꿔야 한다는 입장에 동조했다. 일부에선 기업집단을 혁파해야 할 악(惡)의 집단으로 매도했고 기업인은 영문도 모른 채 만성적으로 범죄를 저지를 가능성이 있는 사람들로 내몰렸다.

대기업들의 처지는 졸지에 궁박해졌다. 재무구조를 개선하기 위한 당장의 구조조정도 큰 부담이었지만 무엇보다 사회의 따가운 시선이 괴로웠다.

정부는 총수 1인 지배구조를 뒷받침해 온 구조조정본부를 해체할 것을 주문했다. 지난 김대중 정부에 이어 참여정부를 표방하고 나선 노무현 정부도 마찬가지였다. 구조본은 철저하게 총수의 이해관계에 따라 움직이는 조직으로 인식됐고 글로벌 스탠더드의 강령인 투명경영을 저해하는 집단으로 간주됐다. 동시에 총수의 전횡과 독선이 흐르는 폐쇄적인 통로로 여겨졌다. 기업들은 어쩔 도리가 없었다.

현대 · LG · SK · 롯데 · 한진 등 내로라하는 그룹들이 차례로 구조본을 폐쇄했다. 정부에 잘못 보였다간 어떤 그룹도 대우의 전철을 밟지 않는다는 보장이 없었다. 참으로 무시무시한 시절이었다. 하지만 끝까지 구조본을 해체하지 않은 곳이 삼성이었다.

성급한 일부 언론들은 '삼성이 구조본 해체를 검토한다' 고 기사를 써 댔지만 삼성은 요지부동이었다. 오히려 구조본의 역할과 기능을 더욱 확충하는 방안을 강구하고 있다고까지 했다.

삼성은 원 컴퍼니

삼성의 구조본은 여전히 건재하다. 대한민국의 현존하는 기업조직 중 가장 막강한 집단이 바로 삼성의 구조본이다.

흔히 삼성은 '원 컴퍼니'로 불린다. 63개 계열사에 국내외에 21만 2,000명의 임직원들을 거느리고 있는 삼성이 '원 컴퍼니' 라니, 도대체 무슨 뜻인가.

이 얘기는 그만큼 삼성이 일사불란하다는 의미를 담고 있다. 총수 중심의 다른 대기업들도 대체로 '중앙집권적 의사결정 구조'를 갖고 있긴 하지만 삼성처럼 동질적인 기업문화와 통일된 행동양식을 보여주고 있진 못하다.

그리고 그 정점에 이건희 회장과 구조조정본부가 있다. 이 회장이 인사를 비롯한 대부분의 경영행위를 구조본에 위임해 놓은 것이 현실이고 보면 구조본이 사실상 삼성의 사령탑이다.

구조본은 과거 삼성의 비서실 조직과 비슷하다. 아니 비서실을 이름만 바꿨다는 표현이 더 적절하다. '구조조정'이라는 명칭은 한시적인 성격을 띠고 있지만 이 회장의 경영방식이 바뀌지 않는 한 실제로는 거의 영구적인 핵심 참모조직이다. 구조본은 삼성 전체를 현미경으로 들여다보는 듯한 생각이 들 정도로 거대 삼성의 축소판이다.

재무·인사·경영진단·홍보·비서·법무·기획 등 7개 팀으로 구성돼 있으며 각 계열사에서 선발한 100여 명의 정예요원들이 포진하고 있다.

구조본의 가장 중요한 역할은 삼성그룹의 전체를 조망하며 미래 성장을 위한 그랜드 디자인을 그리는 것이다. 하나의 회사, 한 업종의 관점이 아니라 그룹 관점에서 정보를 수집·제공하며 재무구조의 가이드라인을 정해 계열사들의 견실화를 유도한다. 선택과 집중을 통해 비핵심사업을 정리하게 하며 계열사 간 중복사업을 조정하고 글로벌 핵심인력을 모집·양성하는 일도 한다. 개별 기업 단위로는 하기 어려운 일들이 대부분이다.

사업을 직접 벌이는 CEO들은 사업과 실적에 대한 애착 때문에 주관적으로 흐를 수 있고 중요한 사안을 놓칠 가능성도 있다. 이때 구조본은 객관적인 입장에서 균형을 잡아주고 속도를 조절하는 역할을 하게 된다.

대표적인 사례가 지난 외환위기 이후 전개됐던 구조조정이었다. 구조본은 계열사들이 어떤 상황에서도 수익을 낼 수 있는 구조로 만들었다.

재무팀이 구조본 안의 구조본

구조본 내에서도 가장 핵심적인 기능을 하는 곳은 재무팀이다. 모든 계열사의 사업을 들여다보면서 부실징후를 조기에 감지하는 위기관리 시스템을 가동하며 강력한 구조조정을 유도한다. 이학수 본부장이 재무팀장 출신이고 구조본 차장직을 맡고 있는 김인주 사장도 재무팀장에서 발탁됐기 때문에 재무팀 라인이 구조본의 핵심을 이루고 있다고 해도 과언이 아니다.

재무팀의 전매특허는 특유의 깐깐함과 치밀함이다. 재무팀은 1990년대 중반 삼성 내에서 자동차사업 진출을 거의 유일하게 반대했던 조직이다. 선대 이병철 회장 때부터의 숙원이었던 자동차사업에 계속 제동을 건 것이다. 결국 이 회장이 자동차사업 진출을 재가하면서 재무팀의 입지는 상당히 위축됐으나 그 기간은 오래가지 못했다. 외환위기 이후 자동차사업이 일찌감치 부실의 늪에 빠지면서 재무팀이 활동할 공간이 다시 생긴 것.

결과론이긴 하지만 초기 재무팀이 자동차사업 진출을 시기상조라며 반대했던 이유들이 고스란히 부실의 주범이 됐다. 최악의 시나리오까지 염두에 두며 앞날을 내다보는 재무팀의 선견력과 분석력이 다시 한번 입증된 것이다.

이 본부장의 뒤를 이어 재무팀장을 맡은 김인주 사장은 삼성자동차를 법정관리에 집어넣는 초강수를 선택해 자동차를 그룹에서 완전히 분리해

버렸다. 재무팀은 그 전에 김대중 정부가 강하게 압박해 왔던 대우전자-삼성자동차 빅딜도 거부하는 뚝심을 보여주기도 했다.

재무팀의 발빠른 대응으로 삼성은 자동차사업 실패의 후폭풍을 최소화할 수 있었다. 물론 빅딜을 앞세워 경영위기를 벗어나고자 했던 김우중 전 대우그룹 회장 입장에서 보면 삼성 재무팀은 천하의 원수나 다름없었을 것이다.

경영진단팀과 인사팀, 홍보팀은 막후에서 계열사들의 업무를 지원하고 있다. 경영진단팀은 비리 감사에서 경영 프로세스를 진단하고 해결책을 제시하는 쪽으로 감사의 초점을 바꿔 우수 경영사례를 계열사에 확대·전파하는 역할을 한다.

인사팀은 계열사의 전무급 이상 경영자들을 객관적인 잣대로 평가한다. 실적과 경제적 부가가치, 주가상승률, 핵심인재 확보 여부 등을 기준으로 평가 시스템을 구축해 놓았다. 지연·학연·혈연이 발붙이지 못하게 하는 것도 이들의 임무다.

홍보팀은 이 회장을 비롯해 삼성의 이미지와 브랜드 가치 등 무형자산의 관리를 통해 기업의 가치를 높이는 임무를 맡고 있다. 국내외 언론과 우호적인 관계를 구축하고 올림픽과 아시안게임 등의 굵직굵직한 스포츠 마케팅도 주도한다.

구조본의 또 다른 강점은 기획팀이 갖고 있는 정보력이다. 국내외를 넘나드는 삼성의 정보력은 국가정보원을 능가한다는 소문까지 있을 정도다. 삼성이 어떤 방식으로 정보를 수집하고 축적하는지에 대해선 잘 알려져 있지 않다. 한 가지 분명한 점은 삼성이 초기 취합한 정보의 진위를 다른 경로를 통해 반드시 확인한다는 것. 이를 통해 특정 정보의 진실성과 함께 왜 도중에 정보가 왜곡됐는지, 왜 틀린 정보를 얻게 됐는지를 입체적으로 재추적한다.

과거 비서실 시절에도 삼성의 정보력은 막강했다.

1980년 초 군사정권이 태동을 준비하고 있을 무렵, 어느 누구도 감히 권력의 향방을 점치지 못했던 시절이었다. 하지만 이미 삼성은 군부 실세이던 인물들과 그들의 지인들을 낱낱이 기록한 파일을 갖고 있었으며 정국변화에 대한 몇 가지 시나리오를 마련해 놓고 있었다.

1959년 설립된 삼성 비서실이 오랜 세월을 거쳐 구조본이라는 이름으로 변신했지만 참모조직과 경영지도체제로서 조직의 본질은 전혀 변하지 않았다.

과거 이병철 회장이 비서실 조직에 대해 그러했듯이 구조본에 대한 이 회장의 신뢰 역시 거의 절대적인 수준이다.

이 회장은 1987년 삼성 회장에 취임하면서 그룹 경영권에 대해 이렇게 얘기한 적이 있다.

"과거 선대 회장은 경영권의 80%를 쥐고 비서실이 10%, 각 계열사 사장이 10%를 나눠 행사하도록 했다. 그러나 앞으로는 회장이 20%, 비서실이 40%, 각 사장이 40%를 행사하는 식으로 바꾸겠다."

하지만 현 구조본의 파워는 40%라는 한계선을 넘은 느낌이다. 이 회장이 5년, 10년 후를 대비한 장기 경영구상에 치중할수록 현실을 움직여나가는 구조본의 역할은 더욱 커지고 있다. 하지만 일각에선 구조본의 비대화가 삼성 내부의 관료화를 부추길 가능성에 대해 우려를 제기하기도 한다. 실제 계열사들이 구조본과 상대할 때 이런 느낌을 가지는 경우가 적지 않다고 한다.

모계열사 임원은 "사실 구조본에 불려들어가는 날은 괜히 주눅이 드는 경우가 많다. 나만 그런 게 아니고 다른 임원들도 비슷한 얘기를 한다. 지금까지는 구조본이 균형감각과 자율적인 통제를 유지하는 데 성공해 왔지만 앞으로가 문제다. 각자의 업무영역과 책임소재 등을 정교하게 정해놓고 그 선을 준수하는 마인드가 중요하다"고 말했다.

07 귀신도 울고 가는 감사팀

삼성은 철저하게 감사하는 것으로 유명한 기업이다.

삼성은 감사팀을 경영진단팀이라고 부른다. 단순히 비리를 조사하는 데 그치는 것이 아니라 경영성과와 효율을 평가하고 잘못된 경영관행을 개선하는 컨설팅 기능을 갖고 있다는 이유에서다. 물론 이 얘기도 맞다. 실제 그런 역할을 한다.

계열사의 기획·인사·재무·영업 분야에 있는 임직원들은 감사기간 동안 자의반, 타의반에 의해 자신들이 안고 있는 문제점들을 모두 노출시킨다. 경영진단팀이 요구하는 각종 자료를 제출해야 하고 각종 지적사항에 대한 개선책도 마련해야 한다. 하지만 경영진단을 받는다고 해서 감사에 대한 본연의 공포가 줄어드는 것은 결코 아니다.

삼성 감사팀은 한번 떴다 하면 상대를 거의 그로기 상태로 몰고간다. 대상자나 해당 부서는 거의 퇴근을 못한다. 심한 경우에는 몇 달에 걸쳐 강도 높은 긴장을 견뎌야 한다.

2004년 그룹 경영진단팀은 중국 본사에 기획 감사를 나가 현지 조직을 완전히 초토화시켜버렸다. 직위나 거래관계를 이용해 현지에서 따로 공장이나 가게를 차렸거나 엉뚱한 돈벌이를 하던 직원들은 모조리 적발돼 면직 조치됐다. 영업비나 수당을 따로 주머니에 넣었거나 현지 여자문제가 있는 사람들도 무사하지 못했다. 법인카드를 가족 나들이나 외식에 사용한 이들도 무거운 징계를 받았다.

중국 주재원들의 모럴 해저드는 삼성 내부에 큰 충격을 안겨다주었다. 직업윤리와 직무태도가 글로벌 수준에 올라 있다고 자랑하던 삼성으로선 예상치 못한 참담한 결과였다.

일부 중국 본사의 주요 스태프들은 거의 모두 물갈이됐다. 하지만 몇 달 뒤 더욱 놀라운 소식이 그들을 기다리고 있었다. 2005년 초 정기인사에서 박근희 경영진단팀장이 중국 본사 사장으로 날아온 것. 일회성 감사로 마무리하기에는 현지 부조리가 너무도 만성적이고 뿌리 깊다는 판단에 따른 것이었다. 신임 박 사장은 삼성 내에서 자타가 공인하는 감사통. 별명이 저승사자일 정도로 무시무시한 카리스마를 갖고 있는 인물이다.

이건희 회장은 박 사장에게 "다시는 유사한 사례가 재발하지 않도록 비리의 근원을 발본색원하고 현지 사업체제를 완전 재정비하라"는 특명을 내렸다.

삼성 감사가 내부 직원에 '악명' 을 드날리는 이유는 강력하고도 전격적인 실행방식에 있다.

특별감사의 경우 감사팀은 대부분 야간에 경비원들을 대동하고 사무실에 들이닥친다. 통상 새벽 2~3시, 어떤 경우에는 새벽 5시로 정해지기도 한다. 그리곤 사무실 내 모든 서랍과 캐비넷을 열게 한다. 정보와 문서

관리 상태를 파악하기 위해 컴퓨터 내 파일과 책상 위에 놓여 있는 서류들도 모두 뒤진다.

이 정도 되면 어느 누구도 무탈을 자신할 수 없다. 서랍에서 돈뭉치라도 나오는 경우엔 혹독한 추궁을 각오해야 한다. 세간에선 삼성 감사팀이 직원들의 전화통화 내역이나 계좌를 추적한다는 얘기도 있다.

물론 삼성은 절대로 불법적인 수단을 동원하지 않는다고 강변한다. 당사자들이 가만 있겠느냐는 것이다. 수단과 방법은 많다고 한다.

과연 삼성은 어떤 수단을 동원하는 것일까.

우선 사무실 내 유선전화나 팩시밀리는 법인 명의로 돼 있기 때문에 사내 교환기지국에 의해 당연히 내역을 알아볼 수 있다. 휴대전화가 문제이긴 한데, 삼성은 핵심정보를 다루거나 접근할 수 있는 위치에 있는 사람들에겐 법인 명의로 휴대전화를 제공한다. 비록 사후 추적을 전제로 하고 있는 것은 아니지만 마음만 먹으면 언제 누구와 통화했는지 알아볼 수 있는 구조다.

계좌 추적은 기본적으로 사무실 내 개인 서랍에서 확보한 예금통장 등이 단서가 된다. 상식적으로 납득하기 어려운 거래내역이 나오면 당연히 추궁한다. 물론 개인의 프라이버시는 법으로 보호받고 있지만 서슬퍼런 감사팀 앞에서 프라이버시를 운운하는 직원은 많지 않다. 또 정황상 외부로부터 뇌물이나 대가성 있는 금품을 제공받았을 가능성이 큰 사람에 대해서는 당사자뿐 아니라 직계 가족들의 예금통장을 제출해 줄 것을 '요구' 한다. 떳떳하면 제출하지 못할 이유가 없지 않느냐는 논리를 댄다.

향응이나 접대를 제공받았을 개연성이 있을 경우는 사업장 인근의 유흥음식점들을 상대로 '탐문수사' 를 벌이기도 한다.

감사팀은 몇 년 전 이 같은 방법으로 삼성중공업 거제도 조선소에 특별 감사를 나가 80여 명의 직원들을 면직시키거나 중징계 처리했다. 삼성은 이 사건을 쉬쉬하며 넘겼지만 이 일로 거제도 일대는 한동안 흉흉한 분위기가 이어졌다.

감사팀이 강력한 힘을 갖고 있는 또 다른 이유는 인사권을 행사할 수 있다는 점이다.

우선 사실에 근접하는 내용을 제보해 오는 직원들에게 특별 승진의 혜택을 제공할 수 있다. 소속 회사 사장의 의사와 관계없이 가능하다. 내부 고발자를 철저하게 보호하고 인사상 인센티브를 주는 시스템이 정착되면서 경영진단팀에는 늘 크고 작은 제보들이 잇따르고 있다. 이런 경우는 겉으로 아무리 신변 관리를 잘 하더라도 감사의 칼날을 피해갈 수 없다.

경영진단팀은 또 감사 도중에 승진이나 징계·면직과 같은 인사권을 행사할 수 있다. 그룹의 잣대로 봤을 때 특별승급이 필요할 정도로 실적을 쌓았거나 자기 업무에 헌신해 온 것으로 파악될 경우 현장에서 바로 승진시킨다. 반대로 문제가 될 만한 사안이 포착된 직원들에 대해서는 경중에 따라 다양한 문책성 인사가 이어진다. 현실적으로 어떤 계열사 사장도 경영진단팀의 뜻을 거스를 수 없다.

다년간 삼성 감사팀에서 일했던 김순택 삼성SDI 사장은 "세상만사는 언젠가 들통난다"는 지론을 갖고 있다. 능력이 있는 사람이든 본연의 업무 외에 엉뚱한 일을 하는 사람이든, 감사를 나가 들여다보면 한눈에 알 수 있다는 얘기다. 삼성 경영진단팀의 이런 활동은 삼성 조직의 '자연정화' 기능을 돕고 자칫 관료화되기 쉬운 조직의 타성을 깨부수는 데 상당한 기여를 해왔다는 평이다.

08 눈이 내려도 마당을 쓸어라

삼성 홍보팀의 역량이 국내 최고 수준이라는 것은 잘 알려진 사실이다. 그 동안 뛰어난 기업실적을 앞세워 이렇다 할 만한 경쟁상대 없이 무인지경을 달려왔다. 하지만 그런 홍보팀도 갑자기 불거진 삼성공화국론에는 무척 고전하는 모습이다. 그룹의 이미지 전략을 책임지고 있는 터에 삼성에 대한 비우호적인 여론들을 좀처럼 뒤집지 못하고 있다. 그래도 삼성 안에 있는 사람들은 홍보팀에 대한 기대를 저버리지 않고 있다. 치밀하고 전략적인 계획 수립, 집요하고도 강력한 실행력이 언젠가 빛을 발할 것으로 믿고 있기 때문이다.

삼성의 홍보 시스템은 그룹이든, 단위 계열사든 모두 동일하다. 뉴스 가치를 극대화할 수 있는 타이밍을 골라 보도자료를 뿌리고 보도가 나온 이후에는 문장의 조사 한 글자를 고치기 위해 기자들과 맨투맨으로 붙는다. 한 차례 큰 건이 지나고 나면 사후 회의를 통해 성과를 점검하고 내부 반성을 갖는 시간도 잊지 않는다.

가끔 광고와 협찬을 앞세운 상술을 동원한다고 혹평하는 이들도 없지 않지만 삼성의 총체적인 능력 자체는 부인하지 않는다. 풍부한 자금을 동원할 수 있다고는 하지만 삼성이 조 단위의 수익을 내기 시작한 지는 불과 몇 년 되지 않았다. 과거 현대·LG·SK 등과 함께 엇비슷한 실적을 내며 '도토리 키재기'를 하고 있을 때도 삼성의 홍보역량은 확연히 차별화됐다.

삼성을 출입하는 기자들은 처음 홍보팀이 의외로 약하다는 느낌을 받는다. 별 내용도 없는 일상적인 기사 한 줄에도 촉각을 곤두세우기 때문이다. 특히 그룹 전체의 경영방침이나 이 회장 개인에 대한 기사가 나올 때면 파랗게 질리는 경우도 많다. 그래서 가끔 기자들이 우쭐한 기분을 느낄 때도 없지 않지만 이는 순전히 착각일 뿐이다. 삼성 홍보팀은 이미 이런 정도의 긴장을 내재화하고 있고 기자가 누구이든, 어떤 매체 소속이든 거의 동일한 행태를 보인다.

현대그룹 창업주 고 정주영 회장은 과거 "눈 내리는 중간에는 쓸지 마라"는 말로 홍보지침을 준 적이 있다. 눈이 다 내리고 난 뒤 한꺼번에 쓸어내는 것이 효율적인 것처럼 어떤 사안으로 인해 언론들이 난리를 칠 때는 가만히 있으라는 것이었다. 하지만 삼성의 스타일은 '눈이 내리는 중간에도 끊임없이 쓸어야 한다'는 것이다. 기업활동이 시시각각 국민들에게 제대로 전달되는 '작은 홍보'가 모여야 나중에 '큰 홍보'도 할 수 있다는 논리에서다.

삼성이 전통적으로 이런 스타일을 갖게 된 배경은 이건희 회장의 홍보철학과 깊은 관련이 있다. 이 회장은 부회장 시절이던 1981년 전자를 비롯한 각 계열사에 홍보팀을 구축하라는 지시를 내렸다. 당시 이 회장은 홍보조직의 필요성을 이렇게 역설했다.

"삼성이 그 동안 국내에서 이뤄놓은 성과를 국민들이 제대로 이해하지 못하는 경향이 있다. 당장 아버님 같은 기업가에게도 '돈병철'이라는 표현이 사용되고 있지 않나. 기업은 고객을 포함한 공중(公衆)의 신뢰와 사랑을 받지 못하면 존립할 수 없다. 국민들의 애정이 없는 기업은 아무리 흑자를 많이 내도 하루아침에 사라질 수 있다. 따라서 홍보의 임무는 국민들로부터 호의를 얻는 것이며 기업의 생사를 결정할 수 있는 경영의 핵심요소다."

이 얘기는 과거 삼성이 알토란 같이 키운 동양방송, 한국비료, 금융회사 등을 정부에 강제로 빼앗겼던 일을 염두에 둔 것이다. 자본주의 사회에서 권력이 이런 일을 자행할 수 있었던 것은 국민들에게 재벌개혁에 따른 카타르시스를 제공하기 위한 것이었고, 대중들 역시 이를 반겼기 때문이라는 것이 이 회장의 판단이었다.

이 회장은 "국민 여론에 등을 진 기업은 망한다"고 결론을 내렸고, "신문 한줄 한줄에 실려 있는 여론에 신경을 써라"라고 지시했다.

결국 삼성이 조그마한 기사 한 건에도 예민한 반응을 보이고 있는 것은 어제 오늘의 일이 아니고 벌써 20년 넘게 이어져오고 있는 행태인 셈이다.

이 회장 스스로도 신문기사를 유난히 꼼꼼하게 읽어본다. 꼭 삼성관련 뉴스가 아니더라도 의미 있는 기사나 칼럼에 대해서는 빨간 줄을 쳐서 현업 부서에 내려보낸다. 삼성을 비판하는 기사는 비록 1단짜리라도 세심하게 읽는다. 홍보팀이 스크랩을 하면서 어쩌다 실수로 기사를 누락했다간 불호령이 떨어진다. 실제 몇 년 전에 그런 일이 생겨 홍보팀이 경위서를 작성하느라 법석을 떨기도 했다.

싱글 보이스 시스템

삼성 홍보팀은 구조본의 이순동 팀장을 정점으로 17명의 임원과 총 300여 명의 전문인력들로 구성돼 있다. 각자 맡은 분야에서 경영리스크를 조기에 발견하고 신속하게 대응하는 경보체제를 가동하고 있다.

삼성그룹 홍보의 역사는 어찌 보면 이순동 개인의 역사이기도 하다. 국내 기업 홍보분야에서 이렇게 오랫동안 영향력과 권위를 가진 인물은 찾아보기 어렵다.

배재고와 연세대 정외과를 나온 그는 〈중앙일보〉 사회부 기자 출신이다. 1972년 입사해 8년 정도 기자생활을 하다가 1981년 삼성전자에 홍보팀이 만들어지면서 창설멤버(과장)로 자리를 옮겼다.

왜 기자를 하다가 기업체 홍보실로 옮기게 됐느냐는 질문에 "글쎄… 기자로서 능력이 없었나 보지 뭐…"라고 대답했다. 이 팀장은 기자 시절 특유의 꼼꼼함과 부지런함을 앞세워 양질의 분석 기사를 많이 썼던 것으로 알려져 있다.

이런 성향은 홍보팀으로 업종을 바꾸고 나서도 달라지지 않았다.

그는 1980년대 중반부터 시작된 금성사(현 LG전자)와의 홍보전쟁에서 한 치도 물러서지 않는 악착을 보였다. 당시 금성사는 가전회사로서 삼성을 압도하고 있었지만 삼성은 철저하게 1등 전략을 추구했다. 신문에 사명을 표기하는 순서부터 물고 늘어져 'LG-삼성' 순서를 '삼성-LG'로 바꿔놓았고 상대의 홍보 정보를 미리 입수해 이슈를 선점하는 데도 탁월한 능력을 발휘했다.

이 팀장은 부장 시절엔 매일 10명의 기자들과 통화한다는 목표를 세워놓고 노트에 메모를 해가며 전화를 했다. 홍보팀 근무 연한이 쌓이면서 안면을 익히게 된 기자들은 기하급수적으로 늘어나는데 이들을 '관리' 할 방법은 마땅치 않았다. 기자들이야 본인들이 필요할 때 연락해도 아무런 '문제(?)'가 없지만 홍보담당의 입장은 달랐다. 어쩌다 오랫동안 연락이 끊어지면 "어이 이 부장, 요즘 잘나가나 봐. 통 전화도 없는걸 보면…"이라며 뼈 있는 야유를 받기 일쑤였다. 매일 하루에 10명과 통화하면 산술적으로 한 달에 200명 이상과 대화를 하게 되고 이렇게 쌓인 이 팀장 개인의 네트워크는 당대 홍보맨 중에 따라올 자가 없을 정도로 커졌다.

이 팀장은 1991년 전자에서 비서실로 자리를 옮겨 이사 직급으로 그룹 홍보를 맡게 된다. 그는 그룹 홍보력의 시너지 확보를 위해 전체 계열사를 대상으로 '싱글 보이스 체제'를 구축했다. 그룹 현안에 대해 전체 홍보맨들이 동일한 목소리로 대응할 수 있도록 회의를 열고 논리를 만들어 나갔다. 이 때문에 일부 기자들은 "삼성 사람들은 앵무새"라고 비아냥거리기도 했지만 삼성 홍보가 지금과 같은 체계적인 틀과 조직을 형성한 것은 이즈음이었다.

1993년 이건희 회장의 신경영이 시작되자 홍보팀도 바빠졌다.

그룹 이미지 전략을 전면 재정비하는 데 나서 전자제품 중심으로 삼성 브랜드를 사용하기로 결정했다. 특히 해외에서 삼성은 곧 전자라는 브랜드로 인식시켜 이미지 집중도가 분산되지 않도록 했다.

"기존에 중구난방으로 하던 저가 제품 광고를 모두 정리하고 브랜드 이미지를 높일 수 있는 첨단제품 위주로 광고전략을 재편했어요. 광고지역도 개발도상국보다는 선진국 위주로 바꿨습니다."

곧이어 외환위기가 닥치자 이 팀장은 그룹의 구조조정에 대한 언론의 호평을 이끌어내면서 이건희 회장의 준비경영, 시나리오 경영 등을 앞세워 재계에 수많은 경영화두를 던졌다. 또 이슈를 선점하면서 사회 전반에 온기를 불어넣는 전략을 들고 나와 좋은 반응을 얻었다. 광고 분야에서는 역경을 딛고 인간승리를 연출한 손기정, 박세리 등을 모델로 내세웠으며 '믿을 수 있는 친구'(1997년), '할 수 있다는 믿음'(1998년) 등의 슬로건을 통해 경제난을 극복하겠다는 믿음과 의지를 심어주는 데 주력했다.

2000년대 들어 만들어진 '디지털 프론티어', '우리의 대표 브랜드', '함께 가요 희망으로' 등의 슬로건 역시 외부환경 변화의 흐름에 맞춰 사회 분위기를 선도하고, 따뜻하면서도 진취적인 기업 이미지를 나타내는 데 초점을 맞추었다.

삼성 내 홍보책임자 자리는 이 팀장 전에 수많은 임원들이 거쳐갔지만 어느 누구도 그처럼 긴 호흡 속에서 일관된 전략을 수립하고 실행하지는 못했다. 그만큼 이건희 회장의 신임이 두텁다는 반증이기도 하지만 오랜 세월 경험과 연구로 단련된 전문성이 없었더라면 '대한민국 최고의 홍보맨'이라는 타이틀을 달기는 불가능했을 것이다.

09 노아의 방주

이순동 팀장이 홍보팀의 역할로 강조하는 지론은 성서 '창세기편'에 나오는 '노아의 방주 비둘기론'이다. 노아의 방주에서 날려보낸 비둘기가 나뭇잎을 물고 돌아왔듯이 홍보맨들은 바깥세상의 변화를 부지런히 읽어 삼성 안과 밖을 자유롭게 소통시켜야 한다는 것이다.

이 때문에 삼성은 언론사를 접촉하는 일 못지않게 홍보과제를 계획하고 그룹의 경영전략과 접목하는 일의 비중이 그 어느 기업보다 크다.

다음의 문건을 보면 알 수 있다.

- 정치·외교안보 분야 : 미국 대선 결과에 따른 중국의 대 한반도 전략 변화 가능성, 정책 불확실성 고조에 따른 정국불안 가능성, 사회 전반의 갈등 확산 예의 주시….
- 경제 : 성장 정체에 따른 장기불황 지속 여부에 촉각. 세계경제의

더블 딥 가능성.
- 언론 : 부익부 빈익빈에서 '생존'이 화두로 등장할 가능성, 언론사 간 갈등 심화 가능성.
- 내부환경 : 외부 압력에 대응할 수 있는 대응체제 확립, 대표기업으로의 역할과 책임 증대, 세계적 기업으로의 성장에 따른 반향 주시….

구조본 홍보팀의 정원조 상무(현재 해외연수 중)가 2005년 홍보전략으로 작성한 문건의 일부다. 그는 홍보 전문인력을 육성하기 위해 삼성이 신문방송학과 출신으론 처음 채용한 인물. 얼핏 봐서는 일개 기업의 홍보전략이라기보다는 무슨 정세분석 보고서를 방불케 한다. 수십 쪽짜리 이 자료의 결론은 세 가지. 한국 대표기업에 걸맞은 이미지를 구축하면서 존경받는 기업의 위상을 확보하는 것, 그리고 안팎의 도전에 직면해 그룹 경영체제를 수호하는 것이다.

그룹 경영체제를 수호하다니…. 이런 거창한 구호가 홍보팀의 목표가 될 수 있는 것인가.

목표라는 것은 무릇 조직의 성격과 역량에 따라 정해지는 것이다. 실현 가능하고 달성할 수 있는 목표를 설정하는 것이 기업 조직의 생리다.

"너무 오버하는 것 아니냐?"는 필자의 질문에 이순동 팀장은 "이 업무야말로 바로 우리의 자부심"이라고 단언했다.

한 기업의 홍보책임자는 리스크를 전담하는 CRO(Chief Risk Officer) 역할을 수행해야 한다고 그는 강조했다. 현재의 경영환경은 재무적 리스크뿐 아니라 정치·경제·인권·윤리·환경·기술 등 다양한 리스크들을 모두 관리해야 하며 홍보는 조직 내의 'NGO'로서 수많은 리스크를 종합적으로 관리해야 한다는 것이다. 역시 노아의 방주에 나오는 비둘기의 역할론과 맞닿아 있다.

앞서 얘기로 돌아가 300여 명의 정예인력을 포진시키고 있는 삼성 홍보팀은 공화국론에 어떻게 대응할까.

2005년 5월 말과 6월 초 두 차례에 걸쳐 사장단 회의를 열어 이 문제를 논의했지만 '겸허하게 반성하고 1%의 소수 의견이라도 진지하게 수용한다' 는 입장을 정리한 것 외에는 별다른 결론을 내리지 못했다.

남은 것은 홍보팀의 몫이다. 삼성그룹 전체로 봐서도 중대한 전환점에 섰다.

우리 사회의 구도를 삼성 대 반(反)삼성 구도로 봤을 때 삼성 경계론 내지는 공화국론에 서 있는 쪽은 20% 정도 된다. 이들 중에는 삼성에 대한 건전한 비판의식을 갖고 있는 이들도 없지 않지만 대개 삼성이 어떠한 좋은 일을 해도 이를 왜곡해서 해석하는 사람들이다. 나머지 80% 역시 삼성을 절대적으로 좋아하고 지지하는 사람들이 많지만 그 중의 절반 정도는 부동층이다. 삼성이 잘 하면 박수를 치고, 못하면 손가락질을 하는 평범한 사람들이 부동층이다.

삼성은 그 동안 자신을 비토하는 20%에 대해 크게 개의치 않았다. 어차피 무슨 명목으로든 흠집을 내려고 달려들 것이 뻔하다고 판단했기 때문이다. 대신 부동층에 대해서는 무척 많은 신경을 썼다. 8 대 2가 5 대 5로 바뀌고 급기야 4 대 6으로 역전된다면 부동층이 모두 반(反)삼성으로 돌아서는 것을 의미하고, 그 결과는 그룹에 돌이킬 수 없는 치명타를 안겨다줄 수 있을 것이라고 생각했다. 하지만 삼성공화국론의 돌출로 기존에 삼성과 반삼성을 나눠 대응해 온 방식이 한계에 도달했다는 것이 자체 판단이다.

인터넷이 보급되면서 미디어 환경도 급변했고 멀티미디어와 쌍방향 커뮤니케이션이 소통의 흐름을 지배하게 됐다. 누군가 무심코 인터넷에

올린 글 하나가 엄청난 파문을 야기하는 것이 요즘 세상이다.

삼성은 이제 그 동안 포기하고 있었던 20%에 대해 어떤 형태로든 커뮤니케이션 채널을 만들려고 한다. 무시와 체념만이 능사가 아니라는 사실을 절감하고 있다.

그렇다고 그들을 헐값에 유혹하거나 특유의 영향력으로 굴복시키겠다는 것도 아니다. 홍보뿐 아니라 회사 전반의 조직에 고객들과 서로 대화할 수 있는 틀과 시스템을 만들어 불필요한 오해를 없애고 소통의 만족도를 높이는 데서 출발하겠다는 것이다.

이는 연간 4,000억 원에 달하는 홍보 예산을 두 배로 늘린다고 해서 되는 것도 아니다. 홍보맨들의 의식과 발상의 전환, 세상의 변화를 포착하고 이를 발전적으로 접목시킬 수 있는 안목과 실행력을 가져야 한다.

삼성전자 홍보팀장에 내정된 이인용 전 앵커는 "처음 삼성쪽 사람을 만나 '술 못 마시고 골프도 못 치는 제가 무슨 홍보를 하겠느냐' 고 물었더니 '바로 그 점 때문에 당신을 데려가려 한다' 는 얘기를 들었다"고 말했다.

변화는 이미 시작됐다. 이순동 팀장이 술과 골프 접대가 판을 치는 홍보환경 속에서 나름대로 치밀한 이미지 전략과 전문성을 앞세워 지난 25년 삼성 홍보의 역사를 이끌었다면 다음 세대는 무언가 다른 덕목들이 추가될 것이다.

아마도 세상을 보는 따뜻한 눈과 가슴이 아닐까. 어쩌면 냉철하고 분석적이고 조직적인 네트워크보다는 자유롭고 관대한 정신이 아닐까.

해답은 미래에 있고 지혜를 모으지 못한다면 최정상을 자부하는 홍보팀의 명예도 쇠락할 것이 분명하다. 세상 모든 일이 그렇듯이 시련과 도전은 피해갈 수 없는 숙명이다.

10 왜 관리의 삼성인가?

삼성을 규정 짓는 표현 중에 '관리의 삼성' 이라는 것이 있다. 재계에선 이미 수십년 전부터 일상적으로 사용돼온 것이지만 이제 웬만한 일반인들도 이 용어를 잘 알고 있다. 사람들은 삼성의 어떤 시스템이 우수하다는 얘기를 들을 때 '역시 관리의 삼성' 이라는 탄사를 습관적으로 내뱉는다.

'관리' 라는 단어는 삼성의 직책을 일컫는 용어 중의 하나였다. 지금도 일부 계열사에 직책이 남아 있긴 하지만 과거 삼성은 관리부장·관리본부장 등이 사내에서 상당한 영향력을 행사했다. 관리본부장은 요즘 다른 말로 재경팀장, 재무팀장 등으로 대체됐다. 다시 말해 과거 재무·경리 관련인력이 승진하는 코스가 관리부장·관리본부장 등이었던 것이다.

물론 삼성의 재무가 강하고 재무통이 대접받는다는 사실은 잘 알려져 있다. 당장 이학수 구조조정본부장을 필두로 주요 계열사 사장을 둘러봐도 재무 출신들이 태반이다.

하지만 '관리의 삼성'이라는 표현에는 단순히 재무팀의 파워가 세다는 뜻만 담겨 있는 것이 아니다. 그것은 삼성의 조직관리 기법을 통칭하는 것이기도 하다.

삼성은 선대 이병철 회장 때부터 관리본부장을 통해 이원화된 조직관리를 해왔다. 회사의 기본적인 조직관리는 우선 CEO가 한다. 인사와 예산을 통제하고 사업을 수행하는 것은 CEO의 고유 권한이다. 하지만 삼성은 이런 CEO를 견제할 힘의 필요성을 느꼈다. 계열사가 수십 개를 넘고 오너가 일일이 계열사 경영을 챙기기 어려운 상황이 전개되면서다.

삼성은 CEO를 믿지 않은 것이 아니라 CEO가 실수할 가능성을 염두에 뒀다. 단기 실적에 눈이 멀어 나무만 보고 숲은 못 보는 것은 아닌지, 개인의 편견과 아집에 빠져 엉뚱한 판단을 하는 것은 아닌지, 경쟁심리에 휩싸여 출혈경쟁에 뛰어들고 있는 것은 아닌지 등을 도중에 체크하고 제동을 걸 장치가 필요하다고 봤던 것이다.

관리본부장의 역할은 바로 이런 것이었다. 물론 조직체계상 관리본부장은 CEO의 통제를 받지만 자신이 필요하다고 판단될 땐 반드시 명령에 복종할 의무는 없다.

그리고 관리본부장은 자신이 느끼고 생각하는 바를 별도의 보고서로 작성해 구조본(과거 비서실)에 보고한다. 물론 이 보고서는 CEO에게 제출되지 않는다. 구조본은 이를 통해 해당 계열사의 경영상황을 종합적으로 파악할 수 있게 된다.

만약 관리본부장이 이런 의무를 게을리하면 가차없는 응징이 가해진다. 몇 년 전 모계열사가 외환거래에 손을 잘못 대 수천억 원의 손실을 입은 사실이 알려지자 구조본은 관리담당 임원과 부하 직원들을 모두 해고했다. 손실규모가 문제가 아니라 사전 보고를 누락했다는 것이 해고의 주요 사유였다.

이 같은 시스템이 실효를 거둘 수 있도록 각 계열사의 관리본부장은 구조본이 직접 임명토록 했다. 따라서 관리본부장에 대한 인사권은 대개 구조본이 행사하게 된다.

CEO로선 여간 부담스럽지 않은 구조지만 관리본부장과 의기투합해 효율적인 경영을 구사할 수 있다면 안팎에서 좋은 평판을 들을 수 있다. 그리고 대개 CEO들은 관리본부장 출신들이 많기 때문에 그들의 생리를 잘 아는 편이다.

이렇게 힘과 권한이 집중되는 관리분야의 보직은 아무에게나 주어지는 것이 아니다. 어떤 계열사의 관리부장이라고 한다면 임원 승진은 따놓은 당상일 정도이기 때문에 능력과 전문성, 그리고 충성심 검증이 철저하게 이뤄진다. 반드시 재무 출신이 가는 것도 아니다. 최지성 삼성전자 디지털미디어 총괄사장의 경우 유럽에서 반도체 영업을 하다가 1991년 관리팀장이 됐다. 영업 출신으로는 최초의 관리팀장이었다.

어쨌든 오늘날 삼성의 조직문화는 CEO 외에 관리본부장을 별도로 둬 회사 경영을 이중으로 들여다보고 진단하는 시스템에서 비롯된 것이다.

보기에 따라 상당히 무서운 시스템으로 볼 수도 있지만 여기에 익숙해 있는 임직원들은 자연스러운 문화로 받아들이는 분위기다.

11 구조조정위원회 사람들

구조조정본부와 구조조정위원회

삼성은 구조조정본부(이하 구조본)와 별도로 구조조정위원회(이하 구조위)라는 기구를 두고 있다. 구조위는 그룹의 최고 의사결정 기구다. 최고 의사결정권자는 이건희 회장이지만 모든 결정을 혼자서 내릴 수는 없고, 또 그렇게 하지도 않는다. 이 회장은 구조위에서 건의한 내용들을 거의 손대지 않고 수용하는 편이다.

엄밀하게 말해 구조위는 구조본의 상위조직이다. 구조위가 매월 한두 차례 회의를 열어 그룹의 신규사업 진출과 투자, 거시적인 전략 등을 결정하면 구조본은 그 정책을 계열사를 통해 구현하고 집행한다.

정부기관에 비유하면 구조위는 입법기관이고 구조본은 행정부인 셈이다.

다만 구조위를 주도하고 있는 사람들이 구조본의 이학수 본부장과 김인주 사장이라는 점을 감안하면 구조위의 '독립성'이 두드러진다고 볼 수는 없다.

현재는 11명이 참여하고 있으며 이학수-윤종용-이윤우 삼성전자 부회장이 주축을 이룬 가운데 각 분야별 대표성을 가진 8명의 사장이 포진하고 있다.

황창규 삼성전자 반도체 총괄사장, 최도석 삼성전자 경영지원 총괄사장, 배정충 삼성생명 사장, 이수창 삼성화재 사장, 유석렬 삼성카드 사장, 김징완 삼성중공업 사장, 이상대 삼성물산 사장, 김인주 구조본 사장 등이 그들이다.

구조위는 2003년까지 윤종용 부회장이 위원장을 맡아왔으나 2004년 초 이학수 구조본부장이 사장에서 부회장으로 승진하면서 위원장의 바통을 이어받았다. 이 본부장은 그룹 양대 조직의 수장을 맡음으로써 명실공히 최고의 실세로 부상한 셈이다.

사장단에게 구조위 멤버가 된다는 것은 상당한 영예다. 자신이 그룹 경영의 중추로 자리잡고 있다는 것을 의미하기 때문이다. 11명의 멤버 중 이윤우 부회장, 최도석 사장, 이수창 사장, 유석렬 사장, 김징완 사장 등은 2004년 5월에 새로 선임됐다. 이윤우 부회장을 제외한 나머지 4명이 재무 또는 관리 출신이어서 삼성 특유의 경영색채가 반영됐다는 분석이다.

금융 계열사 중에 삼성생명 외에 화재와 카드 사장이 선임된 것은 제조부문의 지속적인 성장을 위해선 금융부문의 안정이 절대적으로 필요하다고 판단한 데 따른 것으로 보인다.

김징완 사장이 선임된 것은 업종별 대표성을 강화하기 위한 일환이고 삼성전자 제조부문에서 황창규 사장이 유일하게 포함된 이유는 반도체 사업이 여전히 삼성의 핵심이라는 인식이 깔려 있기 때문으로 풀이된다.

구조위 멤버는 또 차기든, 차차기든 장래 유력한 구조조정본부장으로 거론된다는 점에서 차지하는 비중이 남다르다. 구조조정본부장이 되려면 그룹 안팎의 정세판단에 능해야 하고 사업별·계열사별 경영흐름에도 통달해야 하기 때문이다.

12
세계 최초의
디지털 미술관 '리움'

 삼성미술관 '리움'이 개관한 2004년 10월.
  하루 2시간으로 정해진 예약시간을 기다려 전화를 건 사람들이 들을 수 있었던 것은 통화중 신호음뿐이었다. 어렵사리 통화가 이루어져도 예약일은 두어 달 뒤로 잡혔다. 하루 관람인원 100명. 예외 없이 전화예약을 통해야만 했다. 리움 예약이 골프장 부킹보다 어렵다는 말은 과장 섞인 호들갑이 만들어낸 뜬소문만은 아니었다.
  예약에 대한 불만들이 속출한 것은 당연했다. '명품'을 지향하는 삼성이 미술관 문턱을 높여 일반 관람객을 제한한다는 것이었다. 게다가 개관 전부터 나돌았던 좋지 않은 소문들이 불만을 한층 더 높였다. 리움에 멤버십 제도를 도입해 사실상 이씨 가(家)의 개인 미술관으로 운영한다는 소문이었다. 삼성의 창업주와 소유주 일가를 이르는 'Lee'와 뮤지엄의 어미인 '-um'을 이어붙인 'Leeum'이라는 이름도 도마 위에 올랐다.

"'문화명가' 탄생을 공공연히 표방하는 것 아니냐, 국가의 문화유산을 사유화하려는 의도 아니냐" 등의 반응이었다.

물론 지금은 하루 관람객 450명으로 확대, 관람시간 1시간 연장, 일요일 개관, 단체관람 허용 등을 통해 개관 초 쏟아졌던 비판들을 많이 잠재웠다. 회원제 운영 또한 전혀 계획이 없음을 삼성문화재단 홍보실측이 공식화했다.

건축비만 1,300억 원+α

도대체 우리나라 사람들이 언제부터 미술관 관람을 위해 예약전쟁을 벌이고 관람시간과 관람객 수 등 미술관 운영의 시시콜콜한 면까지 문제 삼았는지, 리움미술관 개관 즈음의 그런 일들은 별스런 해프닝처럼 보여진다. 우리나라 최초의 사립 미술관인 간송미술관(1966년 설립)의 경우 일반 관람객의 관람은 더욱 제한되어 있다. 1만여 점이 넘는 소장 유물 대다수가 국보급인 이 미술관은 작품 수준이나 물량 면에선 국립박물관도 따라가지 못할 정도라는 것이 일반적인 평가다. 이에 비해 전시는 달랑 연 2회 열리는 소장문화재전이 전부다. 총 전시기간도 1개월 남짓이다. 그러나 이 미술관의 전시정책에 대해 미술사가들이나 미술학도들의 불만은 있을지언정, 일반인들은 미술관의 존재조차 제대로 알고 있지도 못하다.

그렇다면 리움에 쏟아지는 유별난 관심은 무엇 때문인가. 그것은 바로 삼성이 만든 미술관이기 때문이다. 삼성이 하면 뭔가 다를 것이라는, 다르다면 뭐가 어떻게 다른가를 확인하고 싶은 것이다. 오죽하면 이런 말이 있을 정도다. 대한민국에는 두 가지 미술관이 있다고 한다. 하나는 삼성미술관이고 다른 하나는 기타 미술관들이다. 이렇다 보니 '초일류', '명

품'을 부르짖는 삼성이 과연 미술관에는 얼마나 많은 돈을 쏟아 부었는
지가 궁금해진다.

그런데 예약을 해라, 다음에 오라 하니 더 안달이 날 수밖에 없다. 세
계박물관대회 일정에 맞추느라 예정보다 앞당겨 개관한 탓에 관리상의
문제로 관람객 수를 제한한 것이, '선택된 소수'만이 관람할 수 있는 '고
도의 전략'처럼 되어버려 호기심을 더욱 부추긴 셈이 된 것이다.

리움은 대지 2,400여 평, 연면적 9,000여 평 규모로 국내 사립 미술관
중 단연 최대다. 완공하는 데 9년이 걸렸고 건축비만 1300억 원+α가 투
입됐다. 알파의 규모는 알 길이 없다. 내용과 진행과정 모두 철저히 비밀
에 부쳐져 있기 때문이다. 미술관 건립은 1995년 이건희 회장 자택을 중
심으로 한 한남동 문화타운 조성계획에 포함되어 있었다. 그러나 삼성의
'미술관 사업'은 그리 평탄하게 이루어지지 않았다.

부지 확보를 위해 이 회장 자택 주변의 땅 4,000여 평을 법인·임직원
명의로 매입했다가 국세청의 뒷조사를 받기도 했다. 외환위기로 인한 2
년 간의 공사 중단, 종로구 운니동으로의 이전 계획 등의 우여곡절 끝에
2001년 공사가 재개되었으나 건립비용 조달이 여의치 않아 예상 외로 출
혈이 컸다는 후문이다.

간단치 않은 과정을 거쳐 태어난 리움은, 그러나 건축에서부터 삼성
특유의 명품주의 취향을 유감없이 드러낸다. 기업 총수들의 저택 등 호화
주택이 널려 있는 남산 기슭을 터전 삼아 세계적인 건축가 3인이 한껏 솜
씨를 펼쳐놓았다.

마리오 보타, 장 누벨, 렘 쿨하스 등 세계 건축계를 대표하는 현대 건
축 거장 3명을 한 프로젝트에 불러 모았다는 사실부터 화젯거리가 되기
에 충분했다. 당대의 건축계 슈퍼스타들이 한 자리에 모인 것은 미술관

건축사에 유례없는 사건이 되어 세계의 이목을 집중시켰다.

마리오 보타(스위스)가 고미술 상설전시관을, 장 누벨(프랑스)이 국내외 근현대미술 전시관을, 그리고 렘 쿨하스(네덜란드)가 삼성아동교육문화센터를 각각 맡아 설계했다. 엄격한 기하학적 형태를 전통적인 흙 느낌의 테라코타 벽돌로 표현한 '뮤지엄 1', 부식 전문가를 초빙해 스테인리스를 녹슬게 하여(스테인리스를 부식시키는 시도도 세계 최초라고 한다) 부드럽고 깊이 있는 메탈의 느낌으로 박스 이미지를 표현한 '뮤지엄 2', 상반된 모습의 두 건물을 끌어안아 하나로 융합해 내는 역할의 '삼성아동교육문화센터'가 각각의 독창성을 뽐내며 현대건축의 흐름을 보여준다. 소장품도 명품, 건물도 명품이란 말이 나올 만도 하다.

담는 그릇이 이럴진대 그 속에 담겨 있는 소장품은 도대체 어떤 것들일지 궁금해지지 않을 수 없다. 한 마디로 세계적 수준으로 평가받는 한국의 국보급 전통미술품과 근현대 미술작품, 그리고 현대미술을 대표하는 세계적 거장들의 작품들이 망라돼 있다.

삼성은 1965년 선대 이병철 회장이 삼성문화재단을 설립한 이래 호암미술관, 로댕갤러리, 삼성어린이박물관 등을 건립·운영해 왔다. 1977년 호암 이병철 회장이 기증한 고미술 1,000여 점에 이건희 회장의 수집품이 더해져 호암미술관 소장품은 1만 5,000여 점으로 늘어났고, 이 모든 것이 리움으로 옮겨진 것이다.

고미술품 상설전시관에는 '청자진사 연꽃무늬 참외모양 주전자'(국보 133호), '청자도형연적', 고려 '금동대탑' 등 국보 36점과 보물 96점을 비롯해 영화 〈취화선〉에 등장하는 장승업의 매 그림 '영모도 대련'과 정선의 '인왕제색도', 김홍도의 '군선도' 등 총 120여 점이 전시되고 있다. 한국의 근현대미술 소장품은 이상범·변관식·이중섭·박수근·장욱진 등 1910

년대 이후 한국 근대미술의 흐름을 한눈에 훑어볼 수 있는 작품들이다.

해외 작가 소장품으로는 마크 로드코, 프랭크 스텔라, 도널드 저드 등 전후 추상미술 사조를 이끌었던 해외 거장들의 작품과 데미안 허스트, 매튜 바니 등 손꼽히는 현대작가들의 작품이 있다.

작품 가격이 엄청나게 비싸기로 유명한 영국작가 데미안 허스트의 작품 '상어'는 최근 영국에서 140억 원에 팔려 세계 미술시장을 떠들썩하게 하기도 했다. 이 밖에 서도호, 이불 등 해외에도 비교적 알려진 한국 현대작가들의 작품도 포함되어 있다.

세계 최초의 디지털 미술관

"명품과의 대화가 이루어지도록 꾸몄다"는 리움 홍보팀측의 자랑은 전시장에 들어서면 이내 확인할 수 있다. 고미술 상설전시관인 뮤지엄 1을 설계한 마리오 보타가 직접 전시장 내부도 설계했는데 작품 진열장의 독특한 형태가 특히 눈길을 끈다. 천장으로부터 매달린 진열 케이스로 관람자가 보행에 전혀 방해받지 않고 작품을 사방에서 자세히 관찰할 수 있도록 배려했다. 이것도 세계 최초라고 한다.

또 세계 최고의 케이스 전문 제작사인 독일의 글라스바우 한이 각 작품마다 진열 케이스를 다르게 꾸몄다. 케이스 위아래에는 수십 개의 조명 장치가 설치되어 있다. 크기가 큰 소장품인 경우 작품을 진열하고 철수하는 과정에서 발생할 수 있는 훼손을 최소화하기 위해 전시장 유리 전면을 움직여 작품을 좀더 용이하게 다룰 수 있도록 한 장치는 작품의 보존과 관리를 위한 세심한 노력을 단적으로 보여주는 예다. 미술관측은 전시기법도 세계적이라는 자부심을 굳이 숨기지 않는다.

관람객들에게 좀더 나은 관람환경을 제공하기 위해 삼성전자가 개발한 최첨단 디지털 전시 가이드(일명 똑또기)에 이르면 삼성의 미술관을 향한 꿈이 그야말로 '숙원'이었음을 실감할 수 있다. 작품 앞에 서면 자동센서에 의해 해당 작품에 관한 정보와 설명이 시청각적으로 동시에 전달될 수 있도록, 삼성전자가 리움을 위해 세계 최초로 미술관에 응용한 PDA다.

리움이 미술계로부터 긍정적인 평가를 이끌어내는 것은 우리나라의 고미술과 현대미술을 한 자리에서 보여준다는 점에서다. 고전의 깊이와 현대의 역동성이 만나는 장을 펼쳐놓은 것은 분명 의미 있는 역할임에 틀림없다. 지금까지 우리나라에 이런 미술관은 없었기 때문이다. 게다가 글로벌 스탠더드에 부응하는 미술관이라는 측면에서도 좋은 반응을 얻고 있다. 이제서야 외국 손님이 와도 좀 번듯하게 보여줄 수 있는 미술관이 생겼다는 것이다. 유명 건축가가 설계한 미술관이라서기보다는, 한국미술을 외국에 소개할 수 있는 작품의 전시 장소조차 여의치 않았던 상황에서 리움이 그 역할을 해낼 것이라는 희망에서다. 여기에는 한국 현대미술의 미래를 엮어갈 젊은 작가의 발굴과 소개, 전격적인 지원에 대한 기대도 듬뿍 실려 있다.

홍라희 관장의 꿈

리움 관장을 맡고 있는 사람은 다름 아닌 이건희 회장의 부인 홍라희씨다. 그녀는 〈중앙일보〉의 사주이자 주미 대사를 역임한 홍석현씨의 누나로 서울대 미대(응용미술학과)를 나왔다. 어렸을 때부터 미술에 대한 남다른 안목과 감각을 키워놓은 덕분에 고미술품 수집에 관심이 많았던 시아버지 고 이병철 회장의 각별한 사랑을 받은 것으로 알려져 있다.

이병철 회장을 처음 만난 곳도 미술관이었으며 결혼 초에는 이 회장의 지시를 받아 희귀한 미술품을 구입하기 위해 세계 각지를 다니기도 했다. 통상 재벌가의 부인네들이 갖고 있는 호기심이나 취미활동의 수준을 한참 뛰어넘어 국내 웬만한 미술평론가 못지않은 실력과 전문성을 갖고 있다.

홍 관장은 그 동안 고미술에서 현대미술에 이르기까지 총 60여 회의 각종 전시회를 개최했다. 2004년엔 국내 최초의 대학교 미술관인 서울대 미술관 건립을 지원했고 박수근 미술관의 고문도 맡아 미술계의 '대모(大母)' 역할을 톡톡히 해내고 있다. 그녀가 관장하고 있는 미술관은 총 3곳으로 리움 외에 국내 최대 사립미술관인 호암미술관(용인 에버랜드 내)과 로댕갤러리(삼성생명 본관 1층) 등이 있다.

〈중앙일보〉 사옥에 있던 호암갤러리는 리움에 모든 작품을 넘기면서 폐쇄됐다. 이 가운데 호암미술관은 작품의 질적인 측면에서 리움 못지않다는 평을 듣고 있다. 홍 관장이 미술관과 첫 인연을 맺게 된 곳은 1995년 호암미술관을 통해서였다. 이 미술관은 1982년 이병철 회장이 삼성문화재단에 기증한 고미술품 2,000여 점을 토대로 설립됐으며 지금은 1만 5,000여 점의 작품을 소장하고 있다. 국보 및 보물로 지정된 문화재만도 100여 점에 달하는 것으로 파악된다.

홍 관장의 꿈은 삼성미술관을 세계 최고 수준의 명품관으로 만들어 문화 불모지 한국의 위상을 고양시키겠다는 것이다. 그래서 그녀의 활동폭은 일반인들의 상상을 초월할 정도로 넓고 깊다. 이건희 회장이 해외 출장길에 오를 때는 반드시 시간을 내 현지 문화계 인사들과 접촉하고 있으며 세계 미술계를 이끌고 있는 거물급 인사들과의 교류도 지속적으로 넓혀가고 있다.

새로운 문화권력 출현인가

하지만 리움에 대한 반응이 환영 일색인 것만은 아니다. 삼성 독주에 따른 약간의 걱정과 우려감이 있는 것이 사실이다. 아직도 여전히 제한적으로 보이는 일반 관람 시스템, 편향적 기획전, 상설전시 위주에 대한 비판 등과 개관 전부터 미술계를 들썩거리게 했던 이런저런 루머들은 그런 불안감을 반영하고 있다. 여기에 그렇지 않아도 한국 미술계를 좌지우지해 온 삼성이 리움이라는 브랜드를 바탕으로 더욱 막강한 문화권력으로 자리잡을 것이라는 우려도 더해진다.

사실 미술관은 자체가 제도화되는 속성이 있고 작가들은 그런 미술관의 지배 아래 놓이게 된다. 정상급 미술관에서의 개인전 경력을 위해 작가들은 작품을 기증하는 등 '미술관 권력'에 구속되는 경향을 보인다는 것이다. 작가들은 그 영향에서 결코 자유로울 수 없다. 실제로 삼성미술관이 매년 기획하는 '아트 스펙트럼전'에 선정된 작가들은 그 전시에 참여한 사실 하나만으로 작가의 레벨이 한 단계 상승하고 작품 가격도 그만큼 뛰게 된다.

이 때문에 개관기념전을 지켜본 적지 않은 미술계 인사들은 "한국 현대미술 콜렉션의 특정 취향 편식현상은 무소불위의 삼성 파워가 한국미술계를 장악할 수 있다는 걸 보여주는 데 모자람이 없었다"며 깊은 우려를 나타냈다.

김준기 사비나미술관 학예연구실장은 '또 하나의 명품, 리움에 바친다'는 글에서 리움의 앞으로의 사명과 역할에 대해 다음과 같이 제안하고 있다.

"문화 명가 리움이 시민들로부터 사랑받는 공공적 자산으로 자리잡기 위해서는 취향의 정치학을 넘어서는 미술관 정책이 절실하다. 한남동 보물창고는 그저 명품의 위세를 만방에 떨치는 데 안주하는 것이 아니라 의미 있는 문화생산을 지속하는 기지가 되어야 한다. 명품 콜렉션을 바탕으로 시민의 시각문화예술 교육의 장을 열어나가고 고전과 당대의 시대정신을 융합하여 새로운 담론을 이끌어내는 적극적인 경영 마인드, 그것이 진정한 문화 명가의 향기를 만방에 퍼뜨리는 지름길이 아니겠는가."

리움은 삼성의 명품 지상주의가 탄생시킨 또 하나의 걸작임에는 틀림없어 보인다. 그러나 돈만으로 좋은 미술관을 만들 수 있는 것은 분명 아니다. 미술관의 진정한 주체인 관람객과의 관계를 어떻게 풀어가야 할지에 대한 고민을 삼성은 앞으로 두고두고 해야 할 것으로 보인다.

13
삼성병원은 왜 적자인가?

서울 강남구 일원동에 자리잡은 삼성서울병원은 '삼성'이라는 이름에 걸맞게 국내 최고 수준의 시설과 의료진을 자랑한다. 진료비가 비교적 비싼 편이지만 연일 밀려드는 환자들로 인해 제때 예약하기란 여간 쉽지 않다. 사회의 내로라하는 저명인사들이 상(喪)을 치르는 곳도 대개 이 병원 영안실이다. 영안실 역시 늘 꽉 차 있다. 하지만 이 병원이 매년 적자를 낸다는 사실을 아는 사람은 그다지 많지 않다.

아무리 공공성을 갖고 있다고는 하지만 삼성이 운영하는 사업체 중 단 한 번도 흑자를 내보지 못한 곳은 삼성서울병원밖에 없다. 놀랍게도, 1994년 개원 이후 누적적자는 2,800억 원에 달한다. 손실은 매년 그룹 계열사들이 나서 십시일반(十匙一飯) 식으로 갹출해 메운다.

진료비와 부대 수입을 합해 연간 매출이 4,000억 원에 달하고 연중 비어 있는 병실은 눈을 씻고 찾아봐도 없는 이 병원이 적자를 내는 이유는 한 마디로 돈을 벌 수 있는 구조가 아니기 때문이다.

기업경영에 대입해 보면 전형적인 고비용 구조다. 병상 수는 1,300개로 비슷한 규모의 서울대병원(1,600병상), 세브란스병원(1,850병상), 서울아산병원(2,200병상)에 비해 현저하게 적다. 병원 전체 연면적에서 한 침상이 차지하는 면적은 39평으로 다른 병원들보다 10평 정도 넓다.

반면 100병상당 의료진 수는 24.4명으로 20명 이하인 다른 병원들에 비해 훨씬 많다. 간호사 수 역시 마찬가지다. 효율성이라는 잣대를 들이대면 무척 '수술' 할 데가 많은 곳이 삼성서울병원이다.

회장의 호출

1992년 초 삼성의료원 건립추진을 위한 태스크 포스팀에 소속돼 있던 김상용 과장(현 삼성제일병원 기획팀 부장)은 느닷없이 모든 업무를 중단하고 대기하라는 인사명령을 받았다. 모종의 프로젝트를 위해 차출됐다는 것이다. 더 놀라운 일은 그 뒤에 벌어졌다. 이건희 회장과 단독 면담을 하게 된 것이다.

"김 과장, 가까운 사람 중에 혹시 심하게 아픈 사람이 있습니까?"

"글쎄요… 부모님도 모두 건강하시고, 저희 가족 모두 아직은…."

"그러면 지금까지 병원에 대해 진지하게 생각해 본 일이 없었겠군…."

이날 이 회장이 김 과장에게 내린 특명은 세계 유수병원들을 돌면서 '환자의 입장'에서 시스템을 관찰하고 분석해 보라는 것이었다. 김 과장은 의식주를 비행기에서 해결하다시피 하면서 전세계의 일류병원들을 차례로 찾아다녔다. 선진 간호 시스템과 투약 시스템, 의료진의 일손을 덜어주는 첨단 자동화 시스템 등이 그의 노트를 빼곡하게 채웠다.

정작 당사자가 아니고서는 모를 수밖에 없는 환자와 그 가족들의 고통을 직접 체험한 김 과장은 여행가방 10개 분량의 보고서를 만들어 그룹에 제출했다. 이 보고서에 담긴 내용이 현재 삼성서울병원 운영의 기본 골격이 됐다.

삼성서울병원의 입원실과 침대 간격이 다른 병원에 비해 널찍한 이유는 이건희 회장이 직접 줄자를 들고 독려한 덕분이었다. 이 회장은 병실을 좀더 넓혀 환자들이 좀더 쾌적한 공간에서 치료를 받을 수 있도록 하라고 지시했다. 그 결과 6인실 병실은 다른 병원에 갖다놓으면 8인실로 꾸밀 수 있을 정도로 넓어졌다. 이 회장은 또 침대에 쓰이는 바퀴의 중요성을 설명하며 가격을 불문하고 가장 좋은 제품을 사용하도록 당부했다.

이 회장은 설비 역시 최고 수준을 요구했다. 의료통합정보시스템(SMIS), 의학영상저장시스템(PACS), 진단검사의학자동화시스템, 물류자동화, 모바일병원시스템 등의 선진 인프라들이 속속 도입됐다. 오늘날 삼성서울병원이 좀처럼 흑자를 기록하지 못하는 배경을 거슬러 올라가면 경제성을 무시(?)한 이건희 회장의 간섭과 지도가 자리잡고 있는 셈이다.

"새 병원을 지어라"

이 회장이 병원에 대해 본격적으로 관심을 갖게 된 것은 폐암을 앓던 선대 이병철 회장을 지켜보면서였다. 그는 선대 회장이 1987년 11월, 향년 78세로 생을 마감하기까지 지병으로 인해 얼마나 많은 고통을 겪었는지를 잘 알고 있었다.

또 부친의 간병을 위해 병원을 드나드는 동안에 최신 의료시스템을 갖춘 선진국 병원에서라면 얼마든지 조기에 진단해 치료할 수 있는 질병을 뒤늦게 발견하는 바람에 결국 죽음을 맞이하는 상황을 수 차례 목격하면서 최고 수준의 병원 건립의 필요성을 절감했다.

1991년 병원 건립을 지시하던 이건희 회장의 얘기.

"나는 아버님이 돌아가신 후 개인적으로도 많은 슬픔을 느꼈지만 사업을 운영하는 경영자로서도 아버님이 조금만 더 오래 살아 계셨더라면 얼마나 좋았을까, 우리 삼성은 물론 국가경제에도 얼마나 큰 도움이 되었을까 하는 아쉬움을 참 많이 가졌습니다. 낙후된 병원이 환자 입장에서는 얼마나 큰 고통인지도 깨달았습니다. 이런 현실을 시정하지 않고 그대로 둔다는 건 사회적으로 책임 있는 기업의 총수로서 할 일이 못된다고 생각합니다. 그래서 좋은 병원을 세워야겠다고 결심했습니다."

삼성은 삼성서울병원을 건립하기 전에 두 개의 병원을 갖고 있었다. 지금은 산부인과로 유명한 삼성제일병원과 고려병원(현 강북삼성병원)이 그것들이었다. 하지만 두 병원은 의료진을 수혈받을 수 있는 의대를 갖고 있지 않아 우수한 의사들을 확보하는 데 많은 애를 먹었다. 자체 양성한 의료진을 앞세워 나날이 발전하는 대학병원들에게 뒤질 수밖에 없었다.

결국 이 회장은 성균관대학교를 인수한 1990년대 초반에 새로운 종합병원 설립을 구상하게 된 것이다.

1993년 5월 8일, 이 회장은 해외에서 영입한 과장급 의사 8명을 승지원으로 초청해 "해외에서 축적한 의술을 고국에서 펼쳐 후진들을 양성해 달라"고 당부했다. 이 회장은 이들 의료진을 수 차례 만나 각종 애로사항을 들으며 이를 적극 수용토록 병원 경영진에 지시하기도 했다.

고스톱 문화 없앤 병원

삼성서울병원은 우리나라의 장례문화를 획기적으로 바꾼 것으로도 유명하다. 불과 얼마 전까지만 하더라도 장례식장에서 문상객들이 고스톱을 치는 광경은 우리의 흔한 일상이었다. 왁자지껄한 분위기에 자욱한 담배 연기, 취객들의 고함소리들도 있었다. 또 병원과 상주들 사이에는 일종의 '급행료'와 비슷한 촌지 수수관행까지 있었다.

삼성서울병원은 이런 장례문화를 일거에 척결했다. 금연 조치에 이어 고스톱도 금지됐다. 음주는 부분적으로 허용됐지만 오랫동안 앉아 술을 마실 수 있는 분위기는 만들지 않았다. 처음에 사람들은 너무 재미가 없고 뭔가 허전하다며 불평을 했다. 사실 힘들게 찾아갔는데 문상만 마치고 돌아온다면 기운 빠지지 않겠는가. 하지만 삼성이 장례식장 문화와 관행을 바꾸자 다른 대학병원들도 이를 쫓아오기 시작했다.

문상객들도 간결하고 깔끔한 의례에 적응하면서 만족감을 표시하기 시작했다.

삼성서울병원은 장례식장 개소 당시 지하 1층의 14개 빈소만 사용하고 지하 2층은 빈 공간으로 남겨두었다. 1995년 이건희 회장은 임경춘 전 삼성 일본본사 부회장에게 장례식장을 둘러보고 개선점을 파악해 보도록 지시했다. 임 부회장은 몇 차례 방문을 통해 보고서를 올렸다. 소음을 줄이고 상주가 쉴 수 있도록 시설 일부를 개조해야 한다는 것이 요점이었다.

즉각 개·보수 공사가 시작됐다. 비어 있던 지하 2층 벽에 흡음제를 붙이고 간접 조명을 설치해 상주가 쉴 수 있는 공간을 마련했다. 식당, 휴게소, 샤워실도 새로 만들어졌다. 또 지하 1층 역시 동일한 방식으로 설비

공사가 이뤄져 분향소 천장에는 환기시설을 달아 향냄새를 흡수하도록 했다.

이처럼 삼성서울병원은 개원한 지 불과 10년을 겨우 넘겼지만 예약-진료-병상-장례로 이어지는 모든 분야의 서비스에서 국내 의료계에 획기적인 종적을 남겼다. 많은 비용이 투입되고 그룹 차원의 총력 지원이 뒷받침된 결과이긴 하지만 총수가 직접 나서서 챙기지 않았더라면 단시일 내 명문 병원으로 자리잡기는 불가능했을 것이다.

CHAPTER 3
아버지와 아들

01 왕따의 길

이건희 회장은 왠지 고독해 보인다. 호암상 시상식 등 공식 석상에 가끔 내비치는 그의 모습은 늘 조용하고 어딘지 모르게 가라앉아 있는 듯한 느낌을 준다. 눈빛은 허공을 향하는 듯하고 걸음걸이에도 활기가 없다. 잘 웃지도 않고 웃어도 소리는 내지 않는다. 무표정한 얼굴은 차라리 차가운 인상을 줄 때가 많다. 중학교 시절 레슬링으로 단련한 우람한 상체는 168cm의 단신과 묘한 언밸런스를 느끼게 한다.

이 회장은 실제 가깝게 지내는 친구가 별로 없다. 좋아하는 영화를 보러 가도 가족들이나 이학수 구조조정본부장 같은 측근 인사들 정도가 동행한다.

이 회장은 언젠가 사석에서 다음과 같이 얘기한 적이 있다.

"나는 유치원 때부터 혼자였어요. 성격도 그렇고 (다른 사람들과 대화를 나눌) 화제도 잘 맞지 않았죠. 게다가 체질상 술은 입에도 못 대니…."

이 회장의 고독은 생래적인 성격이 짙다. 어릴 때부터 부모와 떨어져 살았다. 철들 때까지 할머니가 어머니인 줄 알았다. 1942년 1월 9일 대구에서 태어난 이 회장은 젖 떨어지자마자 고향인 경남 의령으로 보내져 할머니 손에 의해 키워졌다. 선대 이병철 회장은 어린 아들이 일제 강점기 말기의 어수선한 시국에서 성장하는 것을 달갑게 생각하지 않았다.

유치원은 대구에서 다녔지만 1947년에 서울로 와서 혜화초등학교를 다니다가 한국전쟁이 일어나 다시 부산으로 피난을 갔다. 도중에 초등학교를 여섯 번이나 옮겨 다닐 정도였으니 친구를 제대로 사귈 기회도 별로 없었을 것이다.

학창시절의 따돌림

그의 성격에 결정적인 영향을 미친 것은 소학교 시절의 일본 유학이었다. 같이 자취를 하던 둘째 형(이창희씨. 1991년 작고) 외에는 얘기를 나눌 상대가 없었고 일본어도 할 줄 몰랐다. 부모님이 미치도록 보고 싶을 때도 있었지만 가족들은 1년에 한 번조차 모이기 어려운 시절이었다. 어린 이 회장은 하루 종일 극장에서 시간을 보내며 영화에 빠져들 수밖에 없었다.

"게다가 같은 또래의 일본 애들은 저를 '왕따' 시켰어요. '조센징'이라고 놀리기도 하고…. 아예 상대를 안 하기로 마음먹고 다녔죠. 그러니까 당연히 내성적인 성격이 형성됐어요. 혼자 있게 되니까 생각을 많이 하게 됐지요. 생각을 해도 아주 깊게 생각을 했어요. 어린 눈으로도 일본의 앞선 제품과 기술에 대해 관심을 갖게 되고 반드시 이겨야겠다는 마음도 생기고 그랬죠. 가장 민감한 때에 배고픔, 인종차별, 분노, 객지에서의 외로움, 부모에 대한 그리움 등 이런 모든 걸 느꼈습니다."

이 회장의 이 같은 처지는 서울로 돌아와 사대부중과 사대부고를 다닐 때도 별로 나아진 것이 없었다. 이번엔 친구들이 '일본놈' 이라고 놀려댔다. 서툰 우리말 발음, 아직 채 물이 빠지지 않은 일본식 행동 등이 반감을 샀던 것이다.

이 회장은 자신에게 주어진 환경을 선선히 받아들였다. 친구들을 사귀기 위해 일부러 다가가는 대신 철저하게 혼자 생활하는 방식을 선택했다. 말수는 더욱 줄어들었고 그럴수록 생각은 더욱 깊어졌다.

이 회장이 당시 탐닉했던 것은 경제분야의 서적 탐독과 애견 키우기였다. 아버지가 당대 최고의 기업가였던 데다 자신도 일찌감치 일본으로 건너가 선진시장을 둘러봤던 덕분에 경제와 경영에 대한 이 회장의 지식수준은 고등학생 수준을 훨씬 웃도는 것이었다. 대차대조표를 처음 본 것이 세 살 때였다지 않은가.

그의 고교동창인 홍사덕 전 국회의원의 회고.

"건희는 내가 상상도 하지 못했던 분야의 얘기들을 늘어놓았어요. 예를 들어 '미국의 차관을 많이 들여와야 미국의 이해관계 때문에 우리 안보가 튼튼해진다', '공장을 지어서 일자리를 많이 만들어내는 게 어떤 웅변보다도 애국하는 길이다', '이익을 내지 못하는 기업은 사실상 나라를 좀먹는 존재다' 등과 같은 것이었죠. 어떤 얘기는 내가 한참 궁리를 해야 비로소 말뜻을 알아들을 수 있었어요."

홍 전 의원은 이 회장이 고교 졸업 후 일본 와세다 대학에 다니다가 일시 귀국했을 때 다시 만날 기회를 가졌다. 그때 홍 전 의원은 제2한강교(양화대교)에 이르러 이 회장에게 "이게 우리 기술로 만든 다리다. 대단하재?"라고 말을 걸었다.

그런데 이 회장의 대답은 그야말로 엉뚱했다.

"이놈아. 생각 좀 하면서 세상을 봐라. 한강은 장차 통일되면 화물선이 다닐 강이다. 다리 한복판 교각은 좀더 길게 잡았어야 할 것 아이가?"

평소 이런 사고에 익숙해 있던 이 회장에겐 같은 또래들로부터 당하는 '왕따'가 차라리 편했는지도 모른다. 성장환경과 배경이 크게 다른 처지에서 엉뚱한 생각까지 하고 있었으니 말이다.

골프도 '나홀로'

어린 나이에 어울리지 않는 이 회장의 안목이 어디에서 배양됐는지는 단정하기 쉽지 않다. 한 가지 확실한 점은 어린 시절의 외로움이 그의 내면을 단련시키고 성숙시키는 데 자양분이 됐을 게 분명하다는 것. 이 회장은 미래를 내다보는 능력이 뛰어나고 참신한 아이디어가 많기로 정평이 나 있지만 훈련과 노력 없이 이런 역량이 길러졌다고 믿기는 어렵다.

이 회장의 '나홀로' 방식은 성인이 돼 1966년 삼성에 입사하고 난 뒤에도 계속 이어졌다. 다른 사람들이 퇴근 후에 술 마시고 당구치는 데 취미를 들였던 것과 달리 그는 기술관련 서적을 탐독하거나 전자제품과 각종 기계류를 사다가 분해하고 조립하는 일을 반복했다. 특히 미국 유학시절에 재미를 들인 자동차 분해에는 웬만한 엔지니어 못지않은 능력을 갖고 있었다. 무엇이든 새로운 것을 보면 그냥 넘어가질 못했다. 한번 해봐서 재미가 있다, 도움이 되겠다 싶으면 전문가 수준까지 파고들었다. 그래서 그는 늘 혼자였다.

대표적인 사교 스포츠인 골프도 그는 혼자 쳤다.

동반자가 있어도 앞에 내보내고 자신은 혼자 뒤에서 치며 따라간다. 방해받지 않기 위해서였다. 나아가 "골프를 좀더 잘 이해하고 잘 치기 위해서"라고 말했다. 그는 비디오를 보며 완벽한 스윙 동작을 만들기 위해 부단히 노력했다. 최고 스코어는 안양베네스트에서 기록한 71타.

1978년 그룹 부회장이 됐을 때도 그는 수행원 없이 혼자 다녔다. 항공편 예약도 직접 했고 공항과 회사를 오갈 때도 따로 회사에 연락하지 않았다. 그는 "혼자 부딪혀봐야 사람도 더 많이 만날 수 있고 다양한 경험을 할 수 있다"고 얘기했다.

그러다 보니 비서실에서도 그의 소재를 파악하지 못하는 경우가 생겼다. 이병철 회장은 "비서실은 도대체 뭐하고 있노?"라고 역정을 냈지만 이 회장의 행동을 말리지는 않았다.

지난 2001년 7월 〈신동아〉에 실린 당시 삼성물산 도쿄지점장 이길현씨의 회고.

"명색이 부회장이라는 사람이 도쿄 지사에 전화 한 통 안 주고 일본을 다녀가는 일이 허다했다. 어느 날 갑자기 사무실에 불쑥 나타나서 '나랑 같이 가볼 데가 있다'고 하길래 따라나섰더니 일본 기업과 기술제휴 계약서에 도장을 찍는 자리였다. 혼자서 세이코, 도시바, 미놀타, 세콤 같은 회사를 휘젓고 다니면서 구두계약을 해놓고 정식계약을 맺는 날이 돼서야 우리를 불렀다. 술도 못 마시고, 숫기도 없고, 남들 앞에서 듣기 좋은 소리도 못하는 사람이 도대체 무슨 재주로 그런 굵직굵직한 계약을 성사시켰는지 지금까지도 의문이다."

 적지 않은 재벌 2세, 3세들이 여봐란 듯이 수행원들을 대동하고 해외를 다녔던 것과 비교하면 이 회장의 '행차'는 초라하기 짝이 없는 것이었다. 그는 처음에는 고독을 힘들어했지만 스스로 적응하고 난 뒤에는 오히려 혼자 움직이는 것을 더 편하게 생각했다. 다른 이들로부터 방해받지 않을 수 있었기 때문이다.
 그가 일본 소학교 시절, 잠도 오지 않는 다다미방에 누워 눈물만 짜고 있었더라면, 또 그가 한국에 돌아와 친구들의 왕따를 견디지 못해 흔한 일탈의 길로 들어섰더라면 오늘날의 '삼성공화국'은 없었을지 모른다. 그는 심연과도 같은 침묵 속에서도 스스로 생각하고 실행하는 법을 배웠고 그것을 체화했다. 모두 잠든 밤에도 불을 밝힌 채 무언가에 몰두하며 자신의 자아를 들여다보고 확인했다. 고독은 비록 고단하고 힘겨운 것이지만, 확실히 인간을 강하게 만든다. 이 회장이 하나하나의 고비를 넘어설 때마다 또 다른 삶의 의미와 가치가 적막감을 메웠을 것이고, 마침내 넘쳐나게 만들었을 것이다. 이것은 분명 이 회장 개인에게 '작은 승리'일 수 있다. 누구도 대신해줄 수 없는….

02 이건희의 또 다른 고독

이건희 회장은 행복할까. 삼성을 세계 초일류 기업의 반석에 올리고 수조 원이 넘는 거부를 일군 그의 행복지수는 과연 보통사람들의 소박한 일상을 넘어서는 것일까.

아마 그럴 가능성이 높다. 자본주의 사회에서 재산은 곧 지위다. 최고의 부를 가진 인물은 최고의 존경과 대접을 받는다. 게다가 이 회장은 일반인들이 평생을 통해서도 쉽게 경험하기 힘든 보람과 성취감까지 누리고 있다. 단란한 가정과 반듯한 자녀들, 믿을 수 있는 참모들과 열정적인 직원들을 보는 일도 인생의 큰 즐거움일 것이다.

하지만 현실에서 아무리 높은 위치에 있고 아무리 많은 일들을 이뤄냈다고 하더라도 한 인간으로서 갖고 있는 고독과 불안까지 물리치기는 어려울 것이다. 어차피 인간은 혼자라는 어설픈 실존을 들먹이지 않더라도 말이다.

이 회장은 2002년 4월, 신라호텔에 사장단을 모아놓고 다음과 같이 얘기했다.

"5년 후, 또는 10년 후에 무엇을 먹고 살 것인가를 생각하면 식은땀이 난다."

과연 삼성 내부에서, 때로는 모든 한국인을 통틀어 이런 고민을 하며 초조해하는 사람이 몇이나 될까. 또 심정적으로나마 이런 걱정에 동조해 주는 이는 얼마나 될까.

물론 이 얘기에는 잘나가는 삼성 임직원들이 안일과 나태에 빠지지 않도록 경각심을 불어넣겠다는 의도도 있을 것이다. 그리고 이 회장은 경영여건이 좋을 때나, 좋지 않을 때나 일관되게 위기의식을 가질 것을 강조해 오기도 했다. 하지만 삼성의 그랜드 디자인을 짜고 있는 최고 사령탑으로서 남들보다 더 멀리 보고, 더 깊이 생각하고, 다가오는 미래를 더욱 고민하는 것 또한 사실이다.

구조조정본부가 그룹 전반의 균형과 안정을 도모하고 계열사 사장단이 단위 사업부의 경쟁력과 실적향상을 위해 매진하고 있는 동안 이 회장은 홀로 그룹의 앞날을 사색하고 탐구한다.

이 회장의 이 같은 고민은 2004년 초 '국민소득 2만 달러 달성론'으로 나타나기도 했다.

많은 이들은 '개별기업 총수가 무슨 국민소득 2만 달러를 얘기하나' 하고 의아해 했다. 일부에선 정부와 코드를 맞추기 위한 수사(修辭)에 지나지 않는다고 깎아내리기도 했다. 이 회장의 얘기가 간단히 폄하되는 또 다른 이유는 반기업 정서와도 무관치 않아 보인다. 기업인들이 속으로는 사익을 추구하면서 겉으로만 나라 걱정을 한다고 생각하는 것이다. 하지만 이 회장은 여전히 틈날 때마다 국민소득 2만 달러를 주창하고 있다.

"우리나라의 국민소득은 1만 달러에서 멈춰선 지 8년이나 됐고, 지금 집단 이기주의가 확산돼 노사갈등이 빈번해지는 '마(魔)의 1만 달러 시대'에 시달리고 있다. 국민소득 1만 달러 시대에는 먹고 입는 것이 해결되지만 집 문제는 100% 해결이 안 되고 이것 때문에 사회가 혼란스러워진다. 일본만 해도 1만 달러 시대까지는 춘투가 심각했지만 2만 달러 시대에 진입하면서 잠잠해졌다."(2004년 6월)

"국민들에게 '규제없는 나라', '기업하기 좋은 나라'의 모델을 앞장서서 제시할 필요가 있다. 마의 1만 달러를 돌파하기 위해서는 국민, 국가, 기업이 모두 힘을 합쳐야 한다. 그런데 우리나라에서는 기업가가 지탄의 대상이 되고 있다. 유럽의 강소국들을 보고 배워야 한다. 핀란드, 스웨덴 등 북유럽 국가들은 우리나라처럼 규모는 작지만 세계적인 대기업들이 국제경쟁력을 갖추면서 강국의 위치를 확보했다. 우리도 이들 강소국처럼 대기업들이 국가 경제 활성화에 대한 사명감을 가져야 한다."(2001년 5월)

한마디 한마디가 절박한 호소조이지만 행간의 의미를 읽어보면 이 회장의 '2만 달러론'에는 국가경제뿐 아니라 삼성의 앞날을 걱정하는 분위기도 섞여 있다.

이 회장은 비록 삼성이 세계시장에서 비약적인 성장을 거듭한다 하더라도 삼성이 뿌리를 박고 있는 국내 경제가 동반 성장하지 않는다면 회사의 밝은 미래를 장담할 수 없다고 생각한다. 한국사회에서 삼성의 발목을 잡는 거의 유일한 논리는 '경제력 집중'이다. 과도한 집중이 시장경제의 건전성을 해칠 공산이 크므로 규제가 필요하다는 것.

삼성은 '큰 것이 죄냐'고 반격을 시도하지만 정치뿐 아니라 경제에도 민주화가 필요하다는 생각을 하고 있는 사람들은 '경위야 어찌됐든 큰 것도 죄라면 죄'라고 몰아붙인다. 벌써 수 년째 정부와 재계가 공박을 벌이고 있는 출자총액규제 같은 정책이 대표적이다.

사실 이 회장에게 이 문제는 심각한 것이다. 삼성은 오는 2010년 270조 원의 매출 달성에 350조 원의 자산증식을 목표로 하고 있다. 매출은 2004년의 2배, 자산은 2.5배 수준이다. 지금 수준에서도 국민경제에서 차지하는 비중이 월등한데, 만약 2만 달러 시대를 앞당기지 못할 경우 2010년 삼성의 상대적인 비중은 공룡처럼 불어나 있을 게 분명하다.

이 회장은 이 같은 상황을 위기로 간주한다. 빈부격차와 경제의 양극화가 심화되는 구조에서 삼성은 또 다른 규제론자들에게 공격당할 것이 뻔하고 정부도 '삼성공화국'을 용인하지 않을 가능성이 높다.

결국 삼성은 시장 속에 모든 역량을 쏟아 붓지 못하고 시장 외적인 요인을 조정하는 데 힘을 분산할 수밖에 없는 상황에 맞딱뜨리게 되고, 이는 곧 경영의 위기로 연결된다는 것이 이 회장의 걱정이다.

중요한 건 이런 문제를 자신이 직접 해결할 수는 없다는 것. 이 회장 입장에선 삼성의 먹고 살 거리를 찾는 일이야 본연의 경영활동이지만 국민소득 2만 달러 달성은 혼자서 감당하기 벅찬 사안이다. 해외로 빠져나가는 국내 생산기지를 되돌려 세워야 하고 청년실업 문제를 해결해야 한다. 또 자신의 주장대로 천재급 인재를 다수 확보해 어떤 변화에도 대비하고 적응할 수 있는 기술력을 구축해야 한다.

물론 이 같은 문제의식을 이 회장만 갖고 있는 것은 결코 아니다. 2만 달러 달성의 당위성에는 누구나 공감한다. 반대가 있을 수 없다. 좋은 방법론도 무수하게 나와 있다. 하지만 정작 실행은 더디다. 서로 주장하는 방향성도 다르기 십상이다. A로 가자고 하는데, B의 길도 있다고 고집을 부리는 현상들이 만연하고 있다.

이 회장은 이런 상황이 좀처럼 나아지지 않고 있는 데 대해 무척 답답해한다. 삼성이 좀더 선도적인 모습을 보이라고 사장단을 닦달하기도 하지만 그들이라고 뾰족한 수가 있는 것은 아니다.

이학수 구조조정본부장의 얘기다.

"가끔 회장을 뵐 때면 '저분이 어깨에 짊어진 짐이 참 무겁겠구나' 하는 생각을 합니다. 마음만 먹으면 얼마든지 편하게 살 수 있는 분이 저렇게 괴로워하며 고민을 할 필요가 있나 하는 것이죠. 사실, 2만 달러 달성론 같은 얘기는 하지 않으셔도 됩니다. 뭐 하러 세상사람들의 오해를 받아가며 그런 얘기를 합니까? 이 회장은 또 그 얘기를 일반인들 들으라고 한 것도 아닙니다. 사장들 모아놓고 한 거예요. 그게 언론에 보도가 돼서 사람들이 아는 것이지, 무슨 우국충정을 과시하려고 한 게 아닙니다. 두 번, 세 번 생각하고 고심에 고심을 거듭한 끝에 겨우 화두를 찾았는데…. 어떨 때 보면 참 외로운 분이라는 생각이 듭니다."

03
회장실에
회장은 없다?

삼성에 입사한 신입사원들이 1년쯤 지나면 하는 질문이 있다.

"저… 회장님은 회사에 출근을 안 하십니까?"

상사는 피식 웃고 "원래 그러하시다"라고 대수롭지 않게 대답한다.

그 신입사원이 "그럼 왜 출근을 안 하시나요? 무슨 특별한 이유가 있나요?"라고 연달아 물으면 대개 상사는 "야, 일을 꼭 회사에서만 하라는 법이 있냐. 그런 걱정 말고 네 일이나 잘 해"라고 핀잔을 준다.

하지만 국내 최대 기업을 이끌고 있는 이 회장이 1년 내내 거의 본사에 출근을 하지 않는다는 사실은 의아한 일이긴 하다. 하루에 두 번 정도 회의를 주재하는 정몽구 현대자동차 회장이나 회의를 싫어하지만 사무실에서 업무를 보는 구본무 LG 회장과 비교하면 특히 그렇다.

삼성의 한 관계자는 회장이 사무실 출근을 잘 하지 않는 이유에 대해 "출근을 안 하시던 분이 갑자기 사무실에 나오면 임직원들이 불편해하지 않겠느냐. 직원들을 배려하기 위한 것"이라고 설명한다. 또 다른 관계자는 "회장의 집무실은 본사 빌딩뿐 아니라 이태원동 자택과 영빈관인 승지원에도 마련돼 있다"며 "그곳에서 사장들을 불러 회의를 하고 외부 손님들도 만난다"고 말한다.

그래도 사람들은 이상하게 생각한다. 굳이 회사를 나오지 않는 이유치고는 설명이 부족하다고 느낀다. 또한 상식적으로 생각해서 기업이 제대로 굴러가는지 궁금해서라도 한번쯤 나올 법하다는 것.

이 부분에 대해 언젠가 이 회장이 직접 설명을 한 적이 있다. 신경영이 가속화되던 1990년대 중반쯤 사장들을 모아놓고 한 얘기다.

"내가 출근을 하면 사장들이 일은 제쳐놓고 엉뚱한 일에 정신을 팔 수가 있다. 예를 들어 나에게 잘 보이려고 회장실에만 모든 촉각을 곤두세울 수 있는 것 아니냐. 이런 것은 경영과 회사발전에 별로 도움이 안 된다."

결국 자신이 출근함으로써 경직될 수 있는 조직 분위기를 우려하고 있다는 얘기다.

야간 호출

여기에 또 하나의 이유가 더 있다. 그것은 바로 이 회장의 업무 스타일과 관련돼 있다.

요즘은 연령과 건강 문제로 정도가 덜하지만 이 회장은 한때 낮과 밤을 바꿔서 생활했다. 새벽 늦게까지 일을 하다가 아침에 잠자리에 드는 스타일이었던 것.

이 회장은 밤이 깊을수록 머리가 맑아지는 특이 체질에 뭐든 생각을 시작하면 끝을 볼 때까지 집중하는 성향을 갖고 있었다. 주요 경영현안이나 고민거리를 푸는 데는 어수선한 낮 시간보다는 조용한 한밤중이 더 적격이었다. 이 때문에 과거 비서실이나 구조조정본부의 고위 임원들은 한밤중에 소집된 회의에 수시로 참석해야 했다.

1993년 10월부터 1996년 12월까지 삼성그룹 비서실장을 지낸 현명관 삼성물산 회장의 얘기다.

"새벽 1~2시가 되면 전화벨이 울립니다. '… 지금 자요?' 하는 목소리에 잠을 깨면 그게 한남동으로 오라는 신호입니다. 집무실로 쓰는 방에 들어가 보면 몇몇 사람들이 긴장된 표정으로 앉아 있습니다. 그런 식으로 회의가 시작되면 해 뜰 때까지 계속합니다. 처음에는 저도 무척 힘이 들더라고요. 잠도 못자고 아침에 회사에 나가 다른 업무를 처리해야 하니까요. 사실 회의 소집 시간은 따로 없습니다. 어떨 때는 새벽 4~5시에 전화가 걸려오기도 합니다. 회의를 마치는 특정한 시간도 없습니다. 회의 안건이 완전히 정리되고 결론이 날 때까지 이어지는 마라톤 식입니다."

이 회장은 1993년에 이런 식으로 사장들을 불러모아 48시간 동안 잠 한숨 안 자고 회의를 속행한 적도 있다고 한다. 그러니 이 회장이 회사를 나오지 않는다고 한가롭게 지내는 것은 결코 아닌 셈이다.

이 회장이 집에서 업무를 보는 또 다른 이유는 국내에서 쉴새없이 쏟아져 들어오는 정보들을 효율적으로 관리하고 축적하기 위해서다.

이 회장이 팩스나 e메일 등을 통해 받아보는 하루 정보량은 300쪽짜리 단행본 한 권 정도의 분량에 해당한다. 정보력이 세기로 이름난 삼성 조직이 두 번, 세 번 걸러 모은 국내외 고급정보에다 사업관련 해외시장 흐름이나 특급 인사들의 동향들이 속속 모인다. 자신이 직접 파악해 보라고 지시한 문제에 대한 검토 보고서도 하루에 서너 건씩 올라온다.

이 많은 정보들을 읽어본 뒤 생각을 정리해 나름대로의 경영흐름을 제시하고 사장들에게 지시를 내리는 일만 해도 혼자 감당하기 어려운 여건이다.

이 회장은 자신의 업무 스타일을 공식 석상에서 이렇게 설명한 적이 있다. 1995년 4월 베이징 특파원들과의 간담회 석상에서 정치를 할 의향이 없느냐는 질문을 받고서였다.

"저는 집으로 돌아오면 곧바로 잠옷으로 갈아입습니다. 한 달 내도록 정장 아니면 잠옷을 입기 때문에 중간복장이 없습니다. 대신 잠옷은 수십 벌이나 됩니다(웃음). 만일 잠옷 입고 국회의원이나 대통령에 당선될 수 있다면 혹시 출마해 볼 수 있지 않겠습니까."

한때 세간에서는 이 농담을 오해해 이 회장이 집에서 잠옷만 입고 지낸다고 입방아를 찧기도 했으나 20명 이상의 개인 비서를 대동하고 있는 이 회장이 비록 자신의 방에서일지라도 잠옷만 입고 있을 수는 없는 일이다. 이는 품위의 문제이고 이 회장 역시 하루 종일 잠옷 차림으로 지낼 만큼 한가하지도 않다.

04
아침 드라마를 즐기는 회장

이건희 회장이 영화광(狂)이라는 사실은 잘 알려져 있다. TV 다큐멘터리 물도 즐겨 본다.

하지만 이 회장이 아침시간대에 주부들을 대상으로 방영하는 드라마들까지 즐겨 본다는 사실을 아는 사람은 그다지 많지 않다. 이 회장은 어쩌다 해외 장기출장에 올라 이들 드라마를 보지 못하거나 다른 일정 때문에 방영시간대를 놓치는 때면 비디오 테이프에 녹화를 해 몇 회분을 한꺼번에 보기도 한다.

삼성은 이건희 회장이 주부용 드라마를 본다는 사실이 외부로 알려지는 것을 그다지 좋아하지 않는다. 서민들이 생업을 위해 한창 분주할 시간에 집에서 한가하게 드라마 타령이나 하고 있다는 힐난을 받을 수도 있다는 생각에서다.

하지만 바쁘기로는 대통령에 못지않을 이 회장이 아침 드라마를 보는 이유는 따로 있다. 일반인들과 접촉할 기회가 많지 않은 이 회장으로선 빠르게 변화하는 대중문화의 흐름을 별도로 파악할 수단이 없다. 참모들로부터 브리핑을 받더라도 직접 보고, 만져보며 느끼는 것과는 차이가 많다. 이런 측면에서 드라마는 좋은 학습재료다.

특히 유행과 젊은이들의 감성변화를 발빠르게 전달하고 있는 트렌디 드라마는 옷차림과 휴대전화, 신혼부부들의 거실과 TV, 최신 인테리어와 가구·가전 제품 배치 등의 조화를 통해 시장을 주도해 나갈 디자인 컨셉에 대한 힌트를 제공하고 있다는 것이 이 회장의 생각이다.

2004년 말까지 26쇄를 찍은 《이건희 에세이—생각 좀 하며 세상을 보자》에 실린 그의 얘기는 이렇다.

"한국의 문화가 배고 회사의 철학이 반영된 디자인 개념을 정립하는 작업을 그야말로 혁명적으로 추진해 나가야 한다. 그러지 않으면 더욱 치열해지는 경제전쟁에서 배겨날 수 없다.

그러기 위해서는 경영자는 젊은이들과 자주 대화하고 TV 인기 드라마도 보면서 유행을 알고 디자인 감각을 키워야 한다. 또 개별 제품의 디자인에 대해서는 전문가 의견을 존중해서 섣불리 간섭하지 말아야 한다. 10대들이 쓸 상품 디자인을 50대 경영자가 결정하는 경우가 있는데, 이는 자칫 선무당이 사람 잡는 결과를 가져온다.

국내외에서 천재급 디자이너를 확보하고 감각이 있는 청소년들을 어려서부터 디자이너로 육성해야 한다. 또 디자이너들에게 세계 최고급품을 얼마든지 사서 쓸 수 있는 권한을 주는 등 경영자 못지않은 영향력을 발휘하도록 해야 한다. 그래야 세계적 경쟁력을 갖춘 명품이 나온다."

이 회장은 2005년 4월 이탈리아 밀라노에서도 디자인 경영의 중요성을 다시 한번 강조했다. 그는 구조본 핵심임원들과 계열사 사장단을 모아놓고 "소프트 경쟁력이 디지털 경제전쟁 시대의 승패를 가름하는 핵심요소"라며 "최고경영자들은 소프트 경쟁력의 바탕이 되는 문화와 고객의 니즈(needs) 변화를 제대로 파악해야 한다"고 말했다.

이 회장이 드라마에 관심을 가지고 있는 또 다른 이유는 자신이 직접 방송사 경영을 해본 경험이 있기 때문이다. 현재 KBS 2TV라고 불리고 있는 채널은 원래 삼성 계열의 동양방송(TBC)이 전신이었다. 당시 이병철 회장은 방송사업을 중점 육성키로 하고 동양방송에 의욕적인 투자를 단행했고 이건희 회장은 이사를 맡고 있었다.

동양방송은 〈달동네〉, 〈황금박쥐〉, 〈장수만세〉, 〈날아라 태극호〉 등의 인기 프로그램을 통해 KBS나 MBC에 비해 엄청나게 높은 시청률을 올리고 있었다. 다른 두 방송사에 비해 젊은 취향에 감각적이었고 재미가 있었다. 하지만 1980년 집권한 신군부 세력은 언론 장악을 위해 언론통폐합 관련법을 제정, 삼성으로부터 동양방송을 빼앗아 KBS에 강제로 합병시켰다.

이병철 회장은 끝까지 버텼지만 어느 누구도 신군부의 뜻을 거스를 수 없는 시대였다. 신문사(중앙일보)와 방송사를 통해 본격적인 경영수업을 받기 시작한 이건희 회장 역시 큰 충격을 받았다.

이에 대한 이 회장의 회고다.

"지금 생각하니 돈을 너무 잘 벌어 뺏긴 것 같아요. 통폐합되기 직전에 시청률이 85%까지 올라갔었어요. 이익도 연간 100억 원이 났습니다. 요즘 돈으로 치면 수천억 원이지요. 여의도 사옥(현 KBS 별관)도 새로 번듯하게 지어

직원들의 의욕도 충천했습니다. 그렇게 하다가 하루아침에 빼앗기고 나니 맥이 탁 풀렸어요. 아버님이 신군부에 방송사를 넘기겠다고 각서를 쓰고 나서 한 달 후에 여의도 스튜디오를 돌아보실 때 탤런트들이 다 나와서 눈시울을 붉혔습니다."

이 회장은 방송사 재직 시절 아침 8시에 출근해서 밤 10시까지 일하는 생활을 계속했다. 그는 특히 주연보다는 강부자, 여운계, 이순재씨 등 당시 연기력이 좋은 조역들을 관리하는 데 애를 많이 썼다. 주연은 예쁜 탤런트 아무나 뽑아서 시키면 됐지만 역량 있는 조역들은 특유의 자존심 때문에 고분고분하지 않았다고 한다. 이 때문에 건방지다는 이유로 일부 PD들로부터도 외면을 받기도 했다.

이 회장은 감칠맛 나는 드라마 구성을 위해 조연의 중요성을 계속 강조했다. 또 직원들을 시켜 조역 연기자들의 수입 조사를 매달 시켰다. 누군가의 수입이 떨어지면 그 원인을 체크해 시정시켰다. 예를 들어 PD가 의도적으로 배역에서 제외했다면 PD를 불러 직접 출연시킬 것을 지시하는 형태였다.

이 회장은 드라마를 보는 방식에 대해서도 소개한 적이 있다. 1995년 2월 〈조선일보〉와의 인터뷰에서였다.

"드라마를 볼 때는 관점을 달리해서 보는데 피해자, 가해자 입장에서 각각 보고 두 입장을 종합해서 생각해 봅니다. 그러면 객관적이고 다양한 시각을 갖출 수 있습니다. 역사극이나 동물의 세계, 자연생태 같은 비디오도 즐겨 봅니다. 요즘은 〈모래시계〉를 봅니다. 외국 출장 갈 때도 비디오 테이프로 보내달라고 해서 끝까지 봅니다. 〈모래시계〉의 주인공 박태수(최민수 분) 같은 친구는 남자답게 연기를 잘 하던데요."

이런 식으로 영화나 드라마를 보면 상상력과 직관력을 키울 수 있다는 것이 이 회장의 주장이다. 사실 이 회장은 논리나 분석보다는 영감과 직관이 훨씬 강한 스타일로 알려져 있고 그 배경에는 무수히 섭렵한 영상물들의 스토리와 아이디어들이 자리잡고 있다. 어느 계열사 사장은 몇 년 전 이 회장과 외국 출장길에 올랐다가 이 회장과 함께 비디오 테이프를 볼 기회가 있었다. 그때 이 회장은 "나도 안 본 테이프인데 같이 보면서 앞으로 진행될 내용을 맞춰보자"고 제안했고 두 사람은 극이 전개되는 도중에 여러 갈래의 스토리 흐름을 놓고 대화를 나눴다.

이 사장은 "이 회장이 드라마를 보면서도 이런 방식의 시뮬레이션을 통해 나름대로의 통찰력과 직관력을 유지하려는 듯한 인상을 받았다"면서 "그 뒤론 나 자신도 집에서 TV를 보면서 작가의 의도와 시청자들이 보는 각도 등을 골똘히 생각하는 버릇이 생겼다"고 말했다.

05 영화감독과 기업총수

이건희 회장은 1989년 그룹 회장 취임 직후 가진 인터뷰에서 "경영인의 길로 들어서지 않았더라면 영화감독이나 영화제작자가 됐을 것"이라는 얘기를 한 적이 있다.

영화를 싫어하는 사람들은 많지 않겠지만 이 회장의 영화에 대한 관심은 유난한 편이다. 이 회장 평생의 취미는 두 가지. 애견 기르기와 영화관람이다. 그 중에서도 영화는 어릴 적 일본 유학시절의 고독을 달래준 유일한 벗이자 창의성과 상상력의 보고였다.

그가 처음 일본 땅에 발을 디딘 것은 한국전쟁이 휴전기로 접어든 1953년. 당시 이병철 회장이 제일제당 설립을 준비하느라 일본 출장을 수시로 다니던 차에 이 회장을 도쿄로 불러 소학교에 입학을 시킨 것.

초창기에 친구도 없고 일본어에도 서툴렀던 이 회장은 극장을 다니며 객지에서의 외로움을 해소했다. 당시 일본엔 개봉관(1류), 재개봉관(2류)

등으로 극장을 분류해 놓고 있었는데 가장 말석에는 하루에 각각 다른 영화를 8개까지 상영하는 5류관이 있었다. 이 회장은 휴일이면 이 5류관에서 아침 9시부터 저녁 10시까지 꼼짝도 하지 않고 영화를 봤다. 수요일 2개, 토요일 2개, 일요일 4개 등 소학교 3년 동안 일본에 들어온 거의 모든 영화를 섭렵했다. 대략 계산해 봐도 1,000편이 넘는 어마어마한 분량이었다.

경영일선에 뛰어들고 나서도 영화관람을 줄이지 않았다.

그는 한남동 자택에 무려 1만여 개의 비디오 테이프를 소장하고 있다. TV에서 방영되는 다큐멘터리나 드라마, 영화와 특집 프로그램 등을 녹화해 둔 것들이다. 그 중에 가장 많은 분량을 차지하는 것은 영화 테이프다. 그는 신경영 초창기 시절 부인 홍라희씨의 핀잔에도 아랑곳없이 침실 바닥의 3분의 1을 비디오 테이프로 깔아놓을 정도로 영화관람에 열성을 보였다.

2004년에는 서울 강남의 코엑스홀에서 가족들과 함께 영화관을 찾은 이 회장 일행이 일반 관람객들의 눈에 자주 띄었다. 당시 공전의 히트를 쳤던 〈실미도〉, 〈태극기 휘날리며〉, 〈올드보이〉, 〈반지의 제왕〉, 〈트로이〉 등의 대형 신작들을 모두 관람했다. 가끔 관객들이 사인공세를 펼치기도 했지만 이 회장은 그다지 불편해하는 기색 없이 잘 어울렸다.

이 회장은 수많은 영화를 통해 인생과 세계에 대한 시각과 관점들을 넓혀왔고 사업에 필요한 직관을 키워왔다고 회고한다. 경영에는 의욕과 경험, 전문성 등이 필요하지만 사업의 운명과 미래를 결정하는 창의성과 선견력이 절대적으로 중요하다고 강조한다.

이 회장은 그 동안 관람한 영화들 중에 몇 가지 포인트를 언급한 적이 있다. 〈아마겟돈〉은 대작이긴 하지만 구조가 다소 엉성해 아쉬움이 많이 남았다고 했고 〈매트릭스〉에 대해선 디지털 시대의 변화상을 잘 엮었다는 점에서 성공작이라고 평했다.

이 회장이 가장 감명 깊게 본 영화는 찰턴 헤스턴이 주연한 〈벤허〉다. 그는 이 영화를 수십 번 봤다. 처음에는 줄거리 위주로, 다음은 배역 위주로, 또 다음은 무대조명 위주로 관람했다.

주연와 조연의 입장을 바꿔 영화의 흐름을 재배치해 보면 무궁무진한 상상력의 공간이 생긴다고 했다. 제작자의 의도에서 벗어나는 순간, 스스로 다양한 스토리를 구성해 전혀 다른 영화를 만들 수 있다는 것이다. 물론 이런 정도야 요즘 영화팬들도 가능할지 모르겠지만 동시대를 살았던 사람들과 비교해 이 회장만큼 영화를 많이 본 사람은 없다는 점, 그리고 뭔가를 비틀어 생각하는 버릇을 수십 년 간 지속했다는 측면에서 영화에 대한 그의 조예를 간단히 폄하할 수는 없다.

이 회장은 〈벤허〉를 인용하며 자율경영의 중요성을 설파하기도 했다.

"특급 조련사는 전혀 채찍을 쓰지 않고 당근만으로 훌륭한 말을 길러낸다. 벤허와 멧살라의 전차경주 장면을 보면 알 수 있다. 벤허와 멧살라는 말을 모는 스타일이 전혀 다르다. 멧살라는 채찍을 강하게 후려치면서 달리지만 벤허는 채찍 없이도 승리한다. 물론 영화감독이 일부러 그렇게 만들었는지는 모르겠지만 그 경주는 한 마디로 특급 조련사와 2급 조련사의 차이를 극명하게 보여주었다. 게다가 벤허는 경기 전날 밤 네 마리의 말들을 차례로 어루만지며 용기를 북돋워주지 않던가."

이 회장의 영화에 대한 열정은 1995년 삼성영상사업단을 탄생시켰다. 미국의 세계적인 영화감독 스티븐 스필버그측과 합작사 설립을 추진하기도 했다. 그런데 이 사업단은 출범 4년 만인 1999년, 그룹 구조조정 차원에서 해체됐다. 이 회장은 많은 아쉬움을 남겼지만 외환위기를 맞아 '전자와 물산만 빼고 다 팔아라'는 지시를 해놓은 터에 개인적인 미련을 앞세울 수는 없었다. 하지만 이때 삼성이 영화계에 뿌린 씨앗이 뒷날 한국영화 중흥의 밑거름이 될 줄은 아무도 몰랐다. 삼성영상사업단에서 떨어져 나온 인력들의 상당수가 충무로에 진출해 영화 비즈니스의 차원을 한 단계 높여놓은 것이다.

실제로 지난 몇 년 사이 할리우드 블록버스터 영화에 맞서 국산 영화의 자존심을 지켜냈던 〈범죄의 재구성〉, 〈말죽거리 잔혹사〉, 〈태극기 휘날리며〉, 〈영어완전정복〉, 〈엽기적인 그녀〉 등의 작품들은 삼성 출신 인사들에 의해 직간접적으로 제작됐다.

삼성 이전까지 영화와 극장업은 전근대적인 가업이었다. 영화의 완성도는 감독 한 사람에게 달려 있었고 흥행에 성공해도 고스톱 판처럼 돈을 벌었다는 사람이 별로 없었다.

하지만 삼성 출신들은 영화제작 시스템에 투명한 회계와 예산개념을 도입했고 투자와 배급 업무의 효율을 극대화하는 경영기법들을 동원하기 시작했다. 합리적인 역할분담과 함께 재무제표가 작성되면서 창투사, 금융사, 개인 등 다양한 자금들이 영화계에 몰려들었고 많은 돈이 들어가는 한국형 블록버스터도 제작할 수 있게 됐다.

또 요즘 주가를 올리고 있는 영화감독 중에는 삼성이 1994~97년까지 주최했던 '서울단편영화제' 출신들이 많다. 〈친구〉를 만든 곽경택 감독을 비롯해 〈여고괴담〉의 박기형, 〈목포는 항구다〉의 김지훈, 〈해피엔드〉의 정지우, 〈거미숲〉의 송일곤 감독 등은 모두 이 영화제 수상자들이다.

영화계 인사들은 "충무로의 원시적인 도제 시스템이 횡행하고 있던 영화판에 삼성이 특유의 경영기법을 도입하면서 영화산업의 지평 자체가 한 단계 업그레이드되고 젊은 인재들의 수혈도 손쉽게 이뤄지게 됐다"고 평가하고 있다.

06 이사에 얽힌 오해

삼성은 회장 이사 가는 것도 홍보하나?

이건희 회장의 일거수일투족은 언론의 집중적인 조명을 받는다. 전경련 행사장에서 기자들과 만나 단 한 마디를 해도 기사를 쓰는 분위기다. 해외출장을 가거나 주말에 레저를 즐기는 일도 업계 기자들에겐 구미 당기는 뉴스다. 삼성 홍보팀은 이 회장의 프라이버시 문제도 있고 하니 지극히 개인적인 사안은 보도를 자제해 달라고 요청하지만 기자들은 막무가내다.

뉴스 밸류가 월등하게 높은 인물임에도 불구하고 워낙 대외접촉을 꺼리는 탓에 이런 현상이 생겨나고 있는 것이다.

그런데 얼마 전에는 이 회장이 이사를 한다는 뉴스가 나와 삼성을 들썩이게 만들었다. 일간지뿐 아니라 주간지, 월간지까지 나서 이 회장의 이사 소식을 대서특필했다.

어떻게 이런 기사가 나오게 됐는지 자세한 내막을 모르는 사람들은 자연인 이건희 회장이 이사를 한다는데, 왜 언론이 이렇게 호들갑을 떠는지 모르겠다고 불만을 가졌을지도 모르겠다.

삼성 홍보팀 역시 다른 기업들로부터 "당신들은 홍보할 거리가 없어 회장 이사하는 것까지 끌어들이느냐"는 핀잔을 들었다. 사실 대중으로선 쏟아지는 뉴스를 접하며 삼성이 '전략적으로' 이 회장의 이사 소식을 전파하고 다닌다고 생각할 수밖에 없다. 하지만 삼성은 이런 얘기를 들으면 펄쩍 뛴다. 그게 뭐 홍보할 일이냐고, 그렇지 않아도 그 일 때문에 곤욕을 치르고 있다고···.

'사태'의 전말은 이렇다.

2004년 10월 8일 한용외 삼성문화재단 사장은 리움미술관 개관을 앞두고 기자회견을 했다. 한 사장은 미술관 규모와 성격, 향후 운영방안 등을 장황하게 소개하며 누가 묻지도 않았는데 이렇게 얘기했다.

"미술관이 문을 열면서 이건희 회장도 이사를 갈 것이다. 현재 이 회장의 주택이 미술관과 담 하나를 사이에 두고 있기 때문에 관람객들이 많이 몰리는 날이면 서로 불편해질 수 있다. 이 회장의 새로운 주택은 한남동의 기존 집에서 멀리 떨어져 있지 않은 곳으로 한창 공사가 진행 중이다."

그날 기자회견장에 참석한 기자들은 업계 기자가 아니라 미술담당 기자들이었다. 당연히 별 관심이 없었다. 어느 누구도 이 회장의 이사 얘기를 귀 기울여 듣지 않았지만 단 한 사람, 〈한국경제신문〉 이성구 미술 전문기자는 다르게 생각했다. 혹시 이 회장의 이사 소식이 산업부 쪽에서는 뉴스가 될지도 모른다고 여긴 것이다.

이성구 기자로부터 이 얘기를 전해들은 필자도 처음에는 판단을 하기 어려웠다. '뭐, 이사하는 게 대수인가, 그런 기사까지 써야 하나…' 하는 심정이었다.

그래도 선배가 넘겨준 기사인데 그냥 무시할 수는 없어 취재를 시작했다. 그랬더니 엉성하지만 몇 가지 포인트가 나타났다. 이 회장이 1972년 이후 한 번도 이사를 하지 않았다는 점, 자택이 자리잡고 있는 한남동 일대에 구본무 LG 회장, 정몽구 현대자동차 회장, 신격호 롯데 회장, 박삼구 금호아시아나 회장, 강신호 전경련 회장 등의 자택들이 몰려 있다는 점, 이 회장의 기존 자택이 다른 총수들의 것들에 비해 협소하고 낡아 새로 짓는 집은 널찍한 부지에 시설과 집기도 첨단으로 꾸민다는 점 등이었다.

필자는 그날 조심스럽게 "이건희 회장이 33년 만에 이사를 한다"는 기사를 인물 면에 내보냈다. 가판을 본 조간신문들의 확인 전화가 빗발쳤고 삼성 홍보팀도 부랴부랴 확인에 나섰다. 필자는 그 다음날 거의 모든 조간신문이 〈한국경제신문〉 기사를 받아쓴 것을 보고 깜짝 놀랐다. 기사화 여부를 놓고 스스로 반신반의했던 점에 비춰보면 전혀 기대하지 않은 '특종'을 해버린 셈이 됐다.

호사가들의 관심 쇄도

거기까지는 좋았다. 삼성을 곤혹스럽게 만든 일은 그 뒤에 벌어졌다.

호사가들의 입맛에 맞게 기사를 꾸미는 주간지, 월간지들이 가세하면서 한남동 일대에 풍수지리가들의 지형 분석이 뒤따르고 일대 약도를 그려 주요 그룹 총수들의 자택 위치도를 빼곡하게 표시하기도 했다. 마침 개축공사를 하고 있는 구본무 LG 회장 집도 기사화됐다.

소수의 사람들이 공공연히 알고 있는 재벌그룹 총수들 주거상황을 이제 일반인들도 잘 알게 됐고, 그것이 부자들에 대한 야릇한 견제심리와 맞물려 "역시 힘 있고 돈 있는 사람들은 끼리끼리 모여 사는구나" 하는 질시로 연결됐다.

졸지에 주거정보가 공개된 총수들의 심기도 불편해졌다. 다른 기업 홍보실 관계자들이 삼성의 '홍보전략'을 향해 불만을 드러낸 데는 이런 사정이 깔려 있었다.

이 회장의 새 집은 2005년 4월 말 건설교통부가 전국 주택들의 공시가격을 공개하면서 다시 한번 관심의 초점이 됐다. 74억 원 상당으로 전국에서 가장 비싼 집으로 밝혀진 것. 방송사 카메라들이 다시 한남동의 수십억 원대 기업총수 자택들을 휘저으며 내 집 마련을 위해 허리띠를 졸라매고 있는 서민들의 마음을 후벼팠다. 기업인들이 돈 많고 잘 산다는 것은 누구나 아는 상식이지만 막상 TV 화면을 통해 실상을 확인하고 나면 허탈감이 밀려들 수밖에 없는 것이다.

필자는 2005년 5월 17일 밤, 또 한번의 딜레마를 경험해야 했다. 이번에는 삼성 내 어렵게 사귄 취재원 한 사람이 술에 취해 전화를 걸어왔다. 그는 "오늘 이건희 회장이 이사를 마쳤으니 알아서 하라"는 한 마디만 남기고 전화를 끊었다.

다음날 아침, 필자는 이것도 기사인가 싶어 고민을 하기 시작했다. 이사 간다고 모든 언론이 다 나서 뉴스를 쏘아올린 때가 엊그제인데, 이제 입주했다는 소식까지 전해야 하는가에 대한 의문이었다.

늘 기사 부족에 시달리는 필자는 어쩔 수 없이 과거에 썼던 것보다 훨씬 짧고 작게 기사를 만들어 조심스럽게 송고했다. 혹시 남들이 비웃으면 어쩌나 하는 조바심과 함께.

하지만 이번에도 필자의 '승리'였다. 다음날 상당수 조간들이 필자의 기사를 베껴 썼고 삼성은 도대체 취재원이 누구냐는 궁금함을 숨기지 않았다.

그 동안 벌어진 기사작성 행태로 볼 때 이제 앞으로 이건희 회장의 집을 둘러싼 기사의 초점은 내부시설이 될 것으로 보인다. 마당은 어떻게 꾸며놓았고, 침실은 몇 개이며, 헬스장 같은 부대시설도 있는지의 여부가 관심을 모을 것이다. 여기에다 회의실엔 어떤 종류의 첨단 시스템이 적용됐고 집안 전체를 관통하고 있는 방재·방범 시스템도 좋은 뉴스 거리가 될 게 분명하다.

이 회장의 집을 찾아갔던 누군가가 무심코 이런 내용들을 얘기할 것이고, 그것이 기자들의 레이더에 걸리는 순간, 이제는 한남동이 아니라 이태원 1동에 자리잡고 있는 금싸라기 주택은 다시 한번 '스포트 라이트'를 받을 것이다.

되풀이 얘기하자면 이건희 회장의 이사를 둘러싼 언론의 집중적인 보도는 결코 삼성이 의도한 바가 아니었고 과열 취재경쟁이 빚은 해프닝 성격이 강했다는 점이다.

이 글로 삼성에 대한 여러 가지 오해 중 하나가 풀렸으면 하는 바람이다.

07 파괴와 비관의 미학

필자는 2003년 이후 삼성그룹을 출입하면서 한 가지 의아하게 생각한 부분이 있었다.

그것은 '이건희 회장은 정말 그렇게 대단한 사람일까' 라는 의문이었다. 좋든 싫든 숙명적으로 기자를 상대해야 하는 홍보실 사람들이 습관적으로 이 회장을 추앙하는 얘기를 들을 때도 그저 그러려니 했다. 삼성 같은 기업문화에서 총수에 대해 일종의 외경심을 갖는 것은 당연해 보였다.

하지만 인텔과 같은 해외 유수기업들의 손길을 뿌리치고 삼성전자에서 세계 최강의 반도체 사업조직을 구축한 황창규 사장이나 애니콜 신화의 주역으로 자존심 강하기로 둘째가라면 서러워할 이기태 사장까지 진심으로 이 회장을 존경한다고 고백(?)할 때는 솔직히 당황스러웠다. 삼성의 녹(祿)을 먹고 있다는 이유로 마음에도 없는 얘기를 할 사람들은 아니라고 봤기 때문이다.

CHAPTER 3 아버지와 아들 195

이들의 얘기를 한 마디로 요약하면 "회장님은 보통사람이 아니다"라는 것. 범인들로서는 헤아리기 어려운 깊은 생각과 시대의 흐름을 읽어내는 통찰력, 여기에 경제·사회 공동체와 한국의 미래에 대한 강한 소명의식과 책임감까지 갖추고 있다는 것이다.

이 때문에 삼성에 핵심인재로 영입돼 이 회장을 만나 얘기를 나눠본 사람들은 자신이 그 동안 이 회장에 대해 얼마나 잘못된 선입관을 갖고 있었는지를 깨닫는다고 한다.

해외 유수의 IT 기업을 거쳐 2004년 부사장급으로 영입된 P씨의 얘기.

"삼성에 입사하기 전에 여러 사람으로부터 이 회장에 대한 얘기를 들었지만 곧이곧대로 믿지 않았습니다. 굳이 따지면 2세 경영자로 운 좋게 반도체 사업에서 수완을 보여 성공한 기업인 정도로 생각했다고 할까요. 하지만 이 회장을 직접 만나고 난 뒤 이런 선입관은 완전히 무너졌습니다. 고작 1시간이면 끝날 줄 알았던 면접은 6시간을 넘겼고, 디지털 시대의 삶과 기업, 국가와 세계에 대한 진지한 생각과 고민들을 얘기하는 이 회장을 보며 왜 삼성이 오늘날의 거대기업으로 성장할 수 있었는지 깨닫게 됐습니다. 그는 깊은 사색을 할 줄 알 뿐만 아니라 누구보다도 열정적이었습니다. 이건희 회장은 경영자라기보다는 슘페터가 경제발전의 새로운 동력으로 제시했던 기업가 모델의 전형이라고 봐야 합니다."

경영자와 기업가의 차이가 뭐냐는 필자의 질문에 P씨는 변화와 도전이라는, 너무도 해묵은 단어 두 개를 끄집어냈다.

전통적 의미의 경영자는 기존 제품과 서비스의 원가(품질)경쟁력을 높이는 데 전력을 투구한다면 기업가는 지금은 존재하지 않는 미래에 새로운 형태의 제품과 서비스를 제공하기 위해 노력한다는 것이다.

이 회장이 1994년부터 입버릇처럼 주문해 온 "5년, 10년 후에 먹고 살 거리를 찾아라"는 얘기 역시 기업가정신의 발로라는 것이다.

슘페터는 기업가가 수행해야 할 최우선 과제로 '창조적 파괴'를 꼽았다. 경영혁신(innovation)의 다른 표현이기도 한 '창조적 파괴'는 현상을 뒤집고 해체하는 데서 시작된다.

슘페터에 따르면, 기업가는 언제나 변화를 탐색하고 그것을 하나의 기회로 활용한다. 그리고 자신의 활동이 경제공동체에 미치는 영향을 성과의 지표로 삼는다. 기업가에게 세부 단위의 성공과 실패는 결코 중요하지 않다. 생산이나 판매활동이, 업무 프로세스가, 궁극적으로 경영이념이 새롭고도 다른 가치, 종전에 느낄 수 없었던 만족을 창출하느냐, 아니냐에 관심을 쏟는다.

이 점에서 이 회장은 능숙한 파괴자였다. 지금은 휴대전화기 표준기판으로 고정돼 아무도 의심하고 있지 않지만 1990년대 중반까지만 하더라도 휴대전화기의 '파워'와 '센드' 버튼은 숫자 버튼 아래쪽에 위치해 있었다. 무슨 이유에서인지 당시 제조업체들은 이런 구조를 바꾸려는 노력을 하지 않았다. 아마도 당시 휴대전화기 부피가 워낙 커서 전화를 걸려면 두 손을 다 사용해야 했기 때문일 것이다. 그러다가 어느 날, 이 회장이 휴대전화기를 한손에 잡아본 뒤 '파워'와 '센드' 버튼을 기판의 상단 버튼으로 위치를 바꾸라는 지시를 내렸다. 한손으로 전화를 걸고 받으려면 버튼이 위에 있어야 한다는 것이다. 그제서야 담당 임원들은 무릎을 쳤다. 이 회장이 한번 손에 쥐어보고 알 수 있던 일을 고정관념에 사로잡혀 놓치고 있었던 것이다. 그후로 모든 휴대전화기 제조업체들이 삼성식 기판을 표준으로 삼아 오늘에 이르고 있는 것이다.

도대체 변화란 무엇인가

현재는 바로 과거에 자신이 선택한 결과다. 똑같은 이치로 현재의 생각과 행동은 미래를 결정한다. 하지만 올바른 선택을 한다는 것은 무척 힘들다. 누구나 선택의 자유를 갖고 있지만 결과 자체를 선택할 수는 없기 때문이다.

불안한 개인의 실존과 불확실한 미래가 가득 찬 일상의 공간에서 결과는 곧잘 우리의 기대를 배반한다. 새로운 방식으로 사고하고 새로운 습관과 자세를 갖지 않으면 다가오는 미래에 능동적으로 대응할 수가 없다.

1993년 신경영을 선포할 때 이건희 회장의 상황이 꼭 그랬다.

1987년 그룹 대권을 움켜쥔 그는 촉망받는 2세 경영자였지만 위기의식은 대단했다. 삼성 내부에는 긴장감이 없었고 과거와 현재의 명성에 안주해 온 회사와 부서의 기강은 느슨하기만 했다. 조직의 관료화 역시 심각했다.

"국가로 보나 삼성으로 보나 보통의 위기가 아니다. 정신 안 차리면 구한말과 같은 비참한 사태가 올 수도 있다. 모든 변화는 개인부터 시작된다. 개인이 바뀌어야 삼성이 변하고 삼성이 변해야 다른 그룹들이 따라오고 정부도 바뀐다. 삼성이 우선 바뀌려면 이기주의와 과거 습성을 버리고 양 위주에서 질 위주로 경영방식을 전환해야 한다. 이것이 안 되면 내가 삼성그룹 회장을 그만두겠다고 공언했다. 삼성은 분명히 이류다. 삼성전자는 3만 명이 만든 물건을 6,000명이 하루에 2만 번씩 고치고 다닌다. 이런 비효율적이고 낭비적 집단은 지구상에 없다. 이것을 못 고친다면 구멍가게도 안 된다."

(1993년 8월 〈동아일보〉 인터뷰)

그랬다. 이 회장은 '변화'와 '파괴'를 들고 나왔다. "마누라와 자식만 빼고 다 바꾸자"를 모토로 걸었다. 그저 해보는 소리가 아니었다.

이 회장은 돌연 '7·4제(오전 7시 출근하고 오후 4시 퇴근하는 근무방식)'를 도입했다. 명목은 좋았다. 직원들에게 자기계발 기회를 제공하고 업무효율을 높인다는 것이었다. 하지만 실상은 충격요법이었다. 아무리 변하라고 해도 변할 기미가 보이지 않자 삼성 임직원들 생활의 뿌리를 흔들어 놓겠다는 발상이었다. 나쁘게 표현하면 인간개조를 시도했다고 볼 수도 있다.

물론 당시에 이 회장과 삼성만이 변화를 주창하고 나선 것은 아니었다. 바야흐로 문민정부 시대를 맞아 군사문화 청산과 세계화가 시대정신으로 대두되고 있던 시기였다. 하지만 이 회장만큼 '변화'를 철저하게 연구한 사람은 없었다. 그는 기인(奇人)에 가까울 정도로 변화에 집착했다.

하루에 한 끼만 먹기

이 회장은 당장 자신의 몸을 상대로 변화에 대한 여러 가지 실험을 해봤다. 먼저 밥을 하루에 한 끼만 먹어봤다. 1991~93년까지 2년에 걸친 것이었다. 최고의 컨디션을 유지할 수 있는 적정 체중을 알아보기 위해서였다. 1년 만에 체중이 20kg가량 줄기도 했다.

이 회장이 변화의 어려움을 실감한 것은 어느 날 왼손으로만 살아보기로 작정하고 나서였다.

집에서나 사무실, 해외출장길 등 어디에서도 오른손을 사용하지 않았다. 왼손만 쓰는 생활은 6개월 정도 지속됐다. 개인의 생활습관 하나를 바꾸는 것도 이렇게 어려운데 거대기업 삼성의 체질을 변화시킨다는 일이 얼마나 어려운지를 깨달았다고 한다.

1995년에는 태평로 삼성본관 28층에 자리잡은 집무실에서 아래층의 직원들 사무실까지 걸으면서 이동시간을 재보고 가장 빠른 코스가 어디인지를 연구했다. '대기업 총수가 그렇게 할 일이 없나' 하고 생각할 수도 있겠지만 이 회장의 생각은 조금 달랐다.

이동하는 데 불필요한 시간을 조금이라도 줄일 수 있다면 그것도 작은 변화의 시작이라고 여겼던 것이다.

그는 그렇게 변화라는 '괴물'의 생리를 알아차려 나갔다.

변화의 출발점은 자신이었다. 잔잔한 호수에 돌을 던지면 동심원의 파문이 호수 전체로 잔잔하게 확산돼 가는 것처럼 개인 단위의 변화가 선결돼야 한다고 봤다. 그는 자신을 상대로 미련스러울 정도의 지루한 실험을 통해 그렇게 결론을 내렸다.

이 회장에게 변화를 가로막는 최대의 적은 삼성 그 자체였다. 선대 이병철 회장이 구축해 놓은 '삼성 제일주의'에서 한 발짝도 앞으로 나아가려 하지 않는 조직의 관행과 타성을 혁파하는 것이 급선무였.

그는 변하는 직원들과 변하지 않는 직원들을 차별화해야 성공을 거둘 수 있을 것으로 생각했다. 사장들을 불러모아 놓고 다음과 같이 얘기했다.

"변하기 싫은 사람들은 변하지 않아도 된다. 다만 변하는 사람들의 뒷다리를 잡는 사람은 그냥 두지 않겠다. 내가 집어내 (회사에서) 내보낼 것이다. 변한다는 것은 분명 어렵다. 그러나 자기부터, 간단한 것부터 바꿔가면 그렇게 어려운 것도 아니다. 그런데 왜 안 되나. 상호불신과 개인 및 집단 이기주의 때문이다."

그는 변화의 당위성이 어느 정도 전파돼 가는 모습을 보이자 변화의 방향을 하나로 모으는 것이 중요하다고 생각하기 시작했다. 어느 조직이나 집단에서 나타날 수 있는 '총론 찬성-각론 반대'가 나타날 경우 '변화'는 중구난방의 십자포화에 시달릴 것이 뻔했다. 모든 이가 공감하고 수용할 수 있는 패러다임이 필요했다. 유명한 '질(質)경영'이 삼성의 10년 캐치프레이즈로 등장한 것은 필연이었다.

변화와 파괴를 위한 실험은 요즘도 계속되고 있다. 몸소 실천하는 모습도 여전히 잊지 않고 있다. 그는 61세가 되던 2003년에 처음 스키를 배웠다. "그 연세에 무슨 스키냐"고 거듭 만류하는 가족들과 중역들의 반대를 무릅쓰고서였다.

이 회장은 2004년과 2005년 겨울, 계열사 사장단을 잇따라 보광 피닉스파크의 스키장으로 초청했다. 그리곤 이렇게 얘기했다.

"나이를 먹었다고 하지 못할 일은 없다. 꺾이지 않겠다는 도전정신만 있으면 무엇이든 할 수 있다."

이 회장의 성화에 못 이겨 억지로 스키를 배운 사장들은 이 얘기를 듣고 숙연해졌다. 하나의 취미생활을 하는 데도 저토록 사력을 다한다는 사실에 새삼 감동을 느낀 것이다.

일석오조의 비전

이 회장이 끊임없이 변화를 추구하는 이유는 앞날을 낙관하지 않기 때문이다.

삼성전자는 2004년에 10조 원을 웃도는 사상 최대의 순이익을 냈지만 이 회장은 위기경영을 계속 강조했다. "자만하면 이제 막 도달한 초일류 기업의 문턱을 넘어서지 못할 것"이라는 경고였으며 여전히 미래의 성장 모멘텀을 찾지 못하고 있다는 질타였다.
  이 회장은 자신의 경영관과 기업가의 본질에 대해 이렇게 얘기한 적이 있다.

  "기업가란 항상 비관적이다. 모든 것을 비관적 바탕 위에 놓고 긍정적 결과를 바라는 게 기업이다. 내가 비관적이라고 하는 것은 대전제가 있다. 21세기 전에 세계에서 일류국가로 들어서야 한다는 대전제 때문에 비관적인 것이다. 그렇다고 우리나라가 곧 망한다고 생각하지 않는다. 의식주는 지금보다 훨씬 나아질 것이고 경제도 좋아질 것이다. 하지만 나는 이보다는 훨씬 더 좋아져야 한다고 생각한다. 이런 점에서 국가행정력, 기업, 국민의 수준이 모두 뒤진다고 생각한다."

  이 회장의 비관이 삼성의 미래뿐 아니라 우리 사회 전반의 시스템과 연결돼 있다는 것은 그가 어떤 사고의 토대 속에서 경영을 해나고 있는가를 잘 보여준다. 기업의 역량 못지않게 기업이 속한 사회적 환경이 중요하다고 생각하고 있는 것이다.
  바로 이 때문에 이 회장은 경제적인 영역뿐 아니라 사회적으로 할 수 있는 일을 자신의 중요한 역할로 인식한다. 몇 년 전부터 수조 원을 들여 상생경영과 나눔경영이라는 이름으로 어려운 중소기업들이나 불우이웃을 돕고 있는 것이나, 삼성처럼 큰 그룹을 갖고 있으면서도 성균관대학교나 중동고등학교를 인수해 키우는 것도 이런 배경 때문이다. 2005년 이른바 '고려대 사태'로 세간에 알려지게 됐지만 주요 대학교에 1,000억 원이 넘는 기부금을 낸 것도 마찬가지 맥락이다.

이 회장은 비관적이기에, 현상을 끊임없이 파괴한다. 그렇게 파괴된 현상을 창조적으로 재구성하기를 바란다. 이런 목표를 달성하는 데 이윤을 추구하는 기업의 생리로는 한계가 있다는 사실을 잘 알고 있기에 재무적 관점에선 하등의 타당성이 없는 학원이나 병원사업을 하고 있는 것이다.

이 회장의 비서 출신인 한용외 삼성문화재단 사장이 전하는 이 회장의 경영관은 다음과 같이 요약할 수 있다.

"이건희 회장은 '나는 오로지 삼성이 잘 되고 국가가 잘 되기를 바라고 나는 그 영광만을 갖고 살겠다' 고 항상 말해 왔다."

이 얘기를 듣고 이 회장이나 삼성을 싫어하는 사람들은 코웃음을 칠지도 모르겠다. 족벌경영에 쏠리는 세간의 비난을 피하기 위한 얄팍한 술수에 지나지 않는다고 할지도 모른다.

이 회장의 속내야 어떠할지 필자도 단언할 수 없지만 삼성이 일개 기업으로서 감당하기 어려운 일들을 해내고 있다는 사실은 부인하기 어렵다.

삼성이 2004년부터 전국의 3,500여 세대에 달하는 소년·소녀 가장들에게 월 20만 원의 생활비를 지원하고 있는 것은 분명 정부가 해야 할 일이다. 생활이 어려워 학비 마련이 힘든 고등학생 3,000명에게 등록금을 지원하는 사업 역시 마찬가지다.

한 가지 분명한 사실은 그가 어느 교육부총리 못지않게 자라나는 청소

년과 교육문제에 많은 관심을 쏟고 있다는 것이다. 천재경영, 핵심인재 등의 키워드를 경영의 핵심 화두로 삼고 있는 것도 그렇지만 장학사업 자체의 규모도 상당한 수준이다.

이 회장은 2002년 사재(삼성전자 주식)를 털어 1,500억 원 규모의 장학재단을 출범시켜 우수 인재들의 해외유학을 지원하고 있으며 기금 규모를 5,000억 원까지 늘린다는 계획을 갖고 있다.

이처럼 이 회장은 기업인으로서 본연의 경영활동뿐 아니라 사회와 국가를 입체적으로 들여다보고 조망하는 데 열중하고 있다. 이 과정에서 끊임없이 자기를 부정하고 파괴하며 비관적인 현실을 극복하기 위해 노력하고 있다. 삼성이라는 기업조직은 이런 노력들을 구체화하고 실행하는 매개체 역할을 수행하고 있다.

이 회장이 오래 전부터 자신의 경영철학으로 소개하고 있는 '일석오조(一石五鳥)의 지론' 도 결국 이 같은 흐름과 결코 무관하지 않다.

"나무를 심을 때 한 그루만 심으면 그 가치는 몇십만 원에 지나지 않지만 나무가 모여 숲을 이루면 목재로서 뿐 아니라 홍수 방지, 공해 방지, 녹지 제공과 같은 여러 효과를 거두게 되고 재산가치도 커진다. 나무를 심더라도 숲을 생각하는 것, 이것이 일석오조인 것이다."

"자네, 일본 알아?"

이건희 회장은 눌변이다. 말수가 적고 먼저 얘기를 꺼내는 법도 거의 없다. 어절 하나하나가 연결되지 않고 툭툭 끊어지는 경우가 많다. 그래서 많은 사람들은 이 회장의 말솜씨가 형편없다고 생각한다. 하지만 이 회장이 항상 눌변이라고 믿는다면 곤란하다. 이 회장은 일단 말문이 터져야 얘기가 술술 풀려나가는 스타일이다. 한번 흐름을 타면 누구도 막지 못할 정도로 청산유수다.

그래서 이 회장을 가끔 만나는 정치인들이나 장관들은 놀랄 때가 많다. 사전에 보고받기로는 이 회장의 말씨가 투박하고 잘 알아듣기 어렵다고 들었는데, 막상 만나보면 그게 아니다. 세계와 시장의 흐름을 읽는 폭넓은 시야와 다양한 영역에 걸친 해박한 지식에 감탄할 때가 적지 않다. 노무현 정부 들어 강도 높은 규제정책을 구사해 온 강철규 공정거래위원장이 그런 경우다. 강 위원장은 이 회장을 만나 예기치 않은 주제로 많은 얘기를 들어야 했다. 정부의 입장을 설명하고 설득하기 위해 면담을 요청했는데, 대화를 주도한 쪽은 이 회장이었다.

삼성전자의 홍보담당 김광태 상무는 "부장시절 연수원에서 특강을 들었는데, 쉬지 않고 여섯 시간을 말씀하시는데 모두 놀랐다"며 "몇몇 단어만 갖고도 자유자재로 논리를 펼쳐나간 것으로 기억한다"고 말했다.

이 회장이 어눌하다고 소문이 난 이유에는 두 가지 배경이 있다.

하나는 중·고등학교 시절의 환경이다. 이 회장은 거의 왕따를 당했다. 자신도 모르게 일본식 발음이 배어 친구들로부터 따돌림을 받은 것이다. 원래 내성적인 성격에 친구들도 사귈 수 없게 되자 입을 닫고 살 수밖에 없었다.

두번째 이유는 이 회장의 침묵과 관련이 있다. 그가 선대 이병철 회장으로부터 배운 덕목은 경청(傾聽)이었다. 남의 얘기를 잘 들으려면 자신의 말을 자제해야 한다. 이 회장은 선대 회장의 유훈을 잘 지켰다. 이 회장의 해외출장시 통역을 도맡아 하고 있는 삼성전자의 주우식 전무는 "옆에서 지켜보면 정말 신기할 정도로 남의 얘기를 잘 들어주신다"고 전했다.

그런데 한 가지 특이한 점은 경청 또는 침묵이 하루 종일, 또는 며칠씩 가는 경우가 적지 않다는 점이다. 사실 사람을 앞에 앉혀놓고 아무런 얘기를 하지 않는 것이 쉬운 일은 아니다. 특히 이 회장을 마주한 사람이라면 어느 정도 격조 있는 대화가 가능한 수준에 있다고 봐야 한다. 그런데도 마음이 내키지 않으면 몇 시간이고 상대의 얘기만 듣는 것이 이 회장의 스타일이다.

워낙 말이 없다 보니 부인 홍라희씨는 옆에 이 회장이 앉아 있는데도 구조본 비서팀에 전화를 걸어 "내일 이 회장님 스케줄이 어떻게 되느냐"고 물을 때가 있다고 한다. 이 회장은 10여 년 전 인터뷰를 통해 "신혼시절에도 거의 말을 하지 않아 젊은 신부 홍씨의 애를 끓게 한 적이 있다"
고 말하기도 했다.

결국 종합적으로 보면 이 회장의 말솜씨를 썩 훌륭하다고 볼 수는 없
다. 경상도 사투리에 길게 늘어지는 문장, 종지형(終止形)이 불분명하고
때로는 한참 뜸을 들이다가 말을 계속 이어가는 스타일을 달변이라고 표
현할 수는 없는 것이다.

스무 고개 넘기

하지만 이 회장이 눌변이라는 얘기에 정색을 하고 고개를 젓는 사람들도
있다. 결코 그렇지 않다는 것이다. 대개 이 회장에게 혼이 난 사람들이 이
런 얘기를 한다.

이 회장은 참모들의 보고를 듣다가 기상천외한 질문을 던지는 경우가
많다. 계속 침묵을 지키다가 갑자기 엉뚱한 질문을 하게 되면 상대는 그
의도를 몰라 당황하기 십상이다. 이때 거짓말을 하거나 임시변통으로 둘
러대면 바로 벼락이 떨어진다.

어쩌다 질문 한두 개를 받아넘기면 곧장 그 다음 단계의 질문이 떨어
진다.

하지만 부하들을 일부러 골려주기 위해서 이런 행동을 하는 것은 아니
다. 이 회장의 언변엔 특유의 비약이 담겨 있다. 경청과 침묵, 폭넓은 이
해력과 자유로운 발상 사이의 여백을 단숨에 타넘기 때문에 엉뚱한 비약
으로 여겨진다.

10여 년 전 이 회장은 보고를 위해 들어온 삼성전자 사장 A씨에게 '업
(業)'의 개념이 무엇인지 아느냐고 물었다. 미처 대답할 준비가 되어 있지

않던 A씨는 당황한 나머지 제대로 대답을 하지 못했다. 다음에 다시 이 회장을 만날 기회를 가졌던 A씨는 미리 준비해 간 답변으로 업의 개념을 설명할 수 있었다.

하지만 이 회장은 "그렇다면 전자업은 무엇이라고 생각하느냐"고 재차 물었다. 앞서 이 회장의 질문 스타일을 알고 있던 A씨는 전자업에 대해 나름대로 설명을 해냈다. 그것으로 끝이 아니었다. 이 회장의 질문은 꼬리에 꼬리를 물고 이어졌다.

"한국, 일본, 미국의 전자사업이 서로 어떻게 다른가", "동남아의 여성 경제활동인구가 얼마인지 아느냐", "중국에서 공업용수가 가장 풍부한 지역은 어디인가" 등 방향을 종잡을 수 없는 질문들이 계속됐다.

결국 A씨는 백기를 들 수밖에 없었다. 그리고 깨달았다. 이 회장의 질문이 엉뚱한 것이 아니라 삼성전자가 하는 사업의 본질과 경쟁환경, 해외 생산기지를 건설하기 위해 검토해야 할 여러 가지 사안을 사장이 알고 있어야 한다는 메시지였다는 것이다.

이 회장에게 야단을 맞는 경우는 대개 허위보고를 할 때나 잘 모르는 일을 얼버무릴 경우다.

이 회장은 야구단에도 깊은 관심을 갖고 있었는데, 몇 년 전 삼성 라이온스 단장을 만나 선수들 몇몇의 신상을 물어본 적이 있었다. 개인성적을 비롯해 팀워크 문제, 당시 팀의 강점과 약점 등을 종합적으로 물어봤다. 단장은 감독직과 다르다. 선수들과 매일 호흡을 같이 할 수 없기 때문에 세부적인 신상정보는 제대로 알기 어렵다. 하지만 이 단장은 신기하게도, 이 회장의 모든 질문에 답변을 했다.

이 회장은 잠시 침묵을 지키더니 "이것 봐, 모르면 모른다고 해. 왜 자꾸 틀린 얘기를 하는 거야"라고 역정을 냈다. 그러고선 틀린 대답을 조목 조목 짚어냈다. 야구단장은 그룹 경영에 온 신경을 집중하고 있는 이 회장이 설마 선수들의 성적까지 알고 있을까 하고 방심했지만 그 대가는 혹독한 것이었다. 그는 얼마 지나지 않아 옷을 벗었다.

진대제를 혼내다

이 회장에게 혼이 난 사람 중에는 '미스터 디지털'로 불리는 진대제 정보통신부 장관도 있다. 2002년 봄쯤이었던 것으로 참석자들은 기억한다. 당시 진 장관은 삼성전자의 디지털미디어네트워크 총괄사장으로 재계에서 가장 촉망받는 전문경영인으로 손꼽히고 있었다. 반도체 신화를 일군 주역이었을 뿐만 아니라 아날로그 위주의 사업을 디지털 중심으로 전환시키는 데 혁혁한 공을 세웠다.

화려한 말솜씨에 세련된 매너로 기자들 사이에서도 인기가 좋았으며 해외출장을 나가도 스포트 라이트를 받았다. 1999년엔 〈아시아 위크〉지가 '아시아 밀레니엄 리더 20인'에 선정했고 1999년엔 산업자원부로부터 신지식인 칭호를 받기도 했다.

그랬던 진 사장은 여느 때와 마찬가지로 이 회장 앞에서 삼성전자의 디지털 사업전략을 명쾌하게 설명해 가기 시작했다. 진 사장이 제시한 비전은 너무도 달콤한 장밋빛 같아서 모두들 만족한 표정으로 고개를 끄덕였다. 하지만 이 회장은 자신만만한 진 사장의 태도가 왠지 못마땅했던 모양이다.

이 회장은 도중에 몇 차례 진 사장의 얘기를 끊고 예의 날카로운 질문을 쏟아냈다. 패기와 자신감에 가득 찬 진 사장은 조금도 주눅들지 않고 대답을 이어갔다. 일본 업체들을 제치고 세계 최초로 4메가D램을 개발한

진 사장에겐 겁나는 것이 없어 보였다.

이 회장이 마침내 참았던 얘기를 꺼냈다.

"진 사장, 일본 알아?"

진 사장은 멈칫하며 쉽게 대답을 하지 못했다.

"말해 봐, 일본에 대해 얼마나 아느냐고?"

그것으로 끝이었다. 영민한 진 사장은 곧 이 회장의 말뜻을 알아차렸다. 일부 품목의 경쟁력이 일본을 앞질렀다고 세계 전자산업의 헤게모니를 장악한 것으로 착각하면 안 된다는 것이 이 회장 질문의 핵심이었다.

당시 이 회장은 일본에 대해 일종의 공포심에 가까운 외경심을 느끼고 있었다. 중소 협력사들의 탄탄한 기술력, 근로자들의 장인정신, 이미 세계를 제패한 전자·기계 산업의 저변 등은 도저히 따라잡을 수 없는 신기루 같은 것이었다.

게다가 국내 전자산업은 핵심부품을 거의 일본에서 들여오고 있었다. 핵심부품을 만들 기술력을 확보하지 못하면 아무리 노력해도 일본 경제의 호·불황에 따라 국내 전자산업의 처지가 달라질 수밖에 없다는 것이 이 회장의 위기의식이었다. 실제 이런 얘기를 한 적이 있다.

"우리는 지난날 이완용이 나라를 팔아먹었다는 사실을 기억하면서 그를 매국노라고 비난하고 있다. 그러나 100년이 넘게 지난 지금, 우리 자신이야말로 김완용, 박완용이 되어가고 있는 것은 아닌지 자문해 봐야 한다. 제2의 이완용이 되지 않기 위해 무엇을 할 것인지 생각해야 할 때다."

이 회장의 일본에 대한 경계의식은 2002년 삼성전자의 시가총액이 사상 처음으로 소니를 앞섰을 때도 나타났다. 당시 언론들은 이 사실을 대서특필하며 삼성전자가 전자업계의 오랜 맹주 소니와 어깨를 나란히 하게 됐다고 썼으나 정작 이 회장은 "누가 이런 얘기를 언론에 홍보를 하느냐. 우리가 소니를 따라잡으려면 아직 한참 멀었다"고 화를 냈다.

인터뷰는 왜 안 하나?

1995년 이 회장은 이른바 '베이징 발언' 이후 한 번도 대면 인터뷰를 한 적이 없다. 간간히 단독 인터뷰를 했다고 나오는 보도는 실상 미리 질문지를 주고 구조본이 이 회장의 감수를 받아 대리 작성한 서면 인터뷰에 불과하다.

인터뷰를 하지 않은 지 꽤 오랜 시간이 지나서인지 사람들은 원래 이 회장이 언론과의 접촉을 꺼리는 것으로 오해하는 경향이 있다. 하지만 이는 사실이 아니다.

과거의 이 회장은 인터뷰를 상당히 즐겼고 기자들과 만나는 것을 별로 꺼리지 않았다. 요즘도 삼성관련 기사 한건 한건에 통상적인 수준을 뛰어넘는 관심을 보이고 있다. 드물기는 하지만 이 회장 스스로 인터뷰를 하고 싶다는 얘기를 할 때도 있다. 하지만 이 회장이 인터뷰를 원하더라도 성사되지 않는 이유는 참모들의 반대가 워낙 완강하기 때문이다. 참모들은 경험적으로 이 회장의 직설적인 화법이 여러 가지 논란을 야기할 가능성이 높다는 사실을 잘 알고 있다.

과거의 이 회장은 기자들과 만나 거침없이 속에 있는 얘기들을 털어놓았다. 홍보팀이 뒷수습을 하기 위해 고생 꽤나 했지만 자유로운 발상과 나름대로 관(觀)을 세우고 하는 얘기를 말릴 사람은 아무도 없었다.

1995년 〈조선일보〉와의 인터뷰에서 밝힌 제일제당과의 경영권 분쟁 논란에 대한 입장이다.

"재현이가 내 마음을 모르고 내가 보낸 경영진을 받아들이지 않았어요. 내가 보기엔 재현이는 기업경영에 대한 교육이 더 필요하다고 생각해요. 제가 삼성그룹 부회장 시절인 1987년 11월까진 내 스태프는 운전사 한 명하고 여비서 한 명밖에 없었어요. 그런데 조카는 스태프로 여러 명을 데리고 있어 깜짝 놀랐어요. 저는 선대 회장과 유명한 홍진기 회장, 이 두 분 사이에서 거의 20년 가까이 기합받고 훈련받았습니다. 생각해 보세요. 경영훈련도 시키고 기업의 기반도 탄탄히 다지기 위해 한시적으로 경영진을 파견했는데…. 저는 진정으로 제일제당을 걱정합니다. 불경기가 오거나 경쟁사가 강하게 치고 나오면 저 회사는 엄청나게 흔들릴 겁니다. 제당이 삼성에서 분리되더라도 제일제당은 삼성의 메카이자, 고향입니다. 제당이 쓰러지는 것을 절대로 보지 못합니다."

여기서 재현씨는 지금 CJ그룹의 회장을 맡고 있는 인물로 이병철 회장의 장남 맹희씨의 아들이다. 이 회장에게는 조카가 되며 당시 이 회장이 삼성그룹 후계자가 되면서 제일제당을 자신의 몫으로 상속받아 경영을 하고 있을 때였다. 삼성의 주장은 아직 기반을 다지지 못한 조카를 돕기 위해 삼성에서 일부 임원들을 파견한 것인데, 이재현 회장측이 이를 경영권 찬탈 기도로 오해해 갈등이 빚어졌다는 것이다.

어쨌든 당시 이 회장의 발언은 재벌가족 내부에서 벌어지는 일의 외부 발설을 금기시해 온 관행을 정면으로 깨부순 것으로 주목을 받았다. 그만큼 화법이 직선적이고 자유로웠다는 것을 엿볼 수 있다.

이 회장의 이 같은 스타일은 몇 달 후 베이징 발언에서 큰 홍역을 치르게 된다.

1995년 4월 13일, 중국 베이징 특파원들과 간담회를 가진 자리였다.

"우리나라는 21세기 준비가 미흡하고 국제수준과 격차가 너무 크다. 정치인은 4류, 관료행정은 3류, 기업은 2류급이다. 21세기를 대비하기 위해서는 인·허가권을 쥐고 규제를 가하는 관료의 수준이 바뀌어야 한다. … 정부가 삼성에 승용차사업 진출을 허가해 준 데 대해 현 정권과 삼성의 밀월관계 때문이라는 소문이 있는데 사실이 아니다. 우리는 오히려 안티(반대)다. 사실 승용차 사업허가를 그냥 내준 것으로 얘기하지만 부산시민들의 반발도 있고 해서 내준 것 아니냐. …"

이 회장 입장에선 자신의 의견을 솔직하게 밝힌 것일 뿐인데 서울에서 그야말로 난리가 났다. 졸지에 4류로 취급받은 정치인들이나 3류로 내몰린 관료들은 재벌 2세가 주제넘게 자신들을 비판한다며 날을 세웠다. 개혁의 기치를 내걸고 서슬퍼렇게 출범했던 김영삼 정부는 삼성에 대한 세무조사 가능성을 흘리며 정면으로 압박해 왔다.

당시 삼성은 '엠바고'를 조건으로 간담회를 진행했지만 정부를 노골적으로 비판하는 재벌 총수의 얘기에 넋 놓고 앉아 있을 기자는 한 사람도 없었다. 청와대의 기류가 심상찮게 돌아가자 삼성은 이 회장의 발언이 왜곡됐다며 진의를 알리기 위해 사과성명을 발표하고 언론사들을 상대로 직접 해명을 하기도 했다. 하지만 이미 내뱉은 말은 주워 담을 수 없었다. 삼성은 이런저런 곤욕을 치르고 나서야 베이징 발언의 파문에서 빠져나올 수 있었다.

그후로 참모들은 "인터뷰를 하면 어떤 형태로든 오해와 갈등이 빚어질 수 있기 때문에 자제하시라"고 권유했고 이 회장 역시 세상일이 자신의 마음 같지 않다는 사실에 흔쾌히 동의하며 부하들의 뜻을 따랐다.

이런 이유로 삼성 홍보팀에는 지난 몇 년 간 이 회장과의 인터뷰를 원하는 취재 요청서가 수백 장이 쌓여 있지만 어떤 기자도 이를 성사시키지 못한 것이다.

개별 인터뷰를 하지 않는다고는 하지만 기자들의 질문에 답변해야 할 상황이 생기면 짧은 시간에도 똑부러지게 얘기를 하는 것이 이 회장의 스타일이다.

2005년 6월 16일, 전경련 월례회장단 회의가 열린 신라호텔에는 100여 명의 취재진들이 장사진을 치고 있었다. 김우중 전 대우 회장의 귀국 및 구속 이후 처음으로 재계 총수들이 모임을 갖는 자리였던 만큼 어떤 얘기가 나올지가 초미의 관심사였기 때문이다.

대부분의 총수들이 모여든 기자들에게 "지금 이 자리에서 대답할 문제가 아니다"라는 식으로 언급을 회피한 반면 이 회장은 걸음을 멈추고 차분하게 입을 열었다.

"개인적인 생각이지만, 김우중 회장이 젊은 사람들에게 용기와 희망을 준 것은 사실 아니냐. 이를 참작해서 (정부 당국이) 선처해 주길 바란다."

사실 개인적인 의견이라는 전제를 달긴 했지만 국내 최고 기업의 총수가 김우중 회장에 대해 선처를 바란다는 얘기는 약간의 자극성을 갖고 있다. '가재는 게 편'이라고 실패한 다른 기업 총수까지 두둔한다는 힐난을 들을 수도 있다. 전경련은 이런 점을 의식해 공식 논평까지 내지 못했다. 하지만 이 회장이 솔직하게 자신의 생각을 밝히자 오히려 재계의 수장으로서 해야 할 말을 했다는 평이 압도적으로 많았다. 이 발언을 비교적 큰 제목으로 기사화한 현장 기자들 역시 가늘게 떨리는 목소리로 성의 있는 답변을 해준 이 회장에 대해 호감을 갖게 됐다.

역시 말이라는 것은 잘 하고 못하고의 문제가 아니라 필요한 순간에 적절한 단어들을 사용해야 빛이 난다는 것을 새삼 확인시켜준 순간이었다.

10 이재용, 그는 누구인가?

이재용 상무는 이건희 회장의 외아들로 차기 삼성그룹 총수 자리를 예약해 놓고 있는 명실상부한 재계의 '황태자'다. 이 때문에 일찌감치 언론의 주목을 받아왔지만 의외로 신상에 대한 정보나 구체적인 활동영역은 잘 알려져 있지 않다.

공식 직함은 삼성전자 경영기획팀 상무. 2001년부터 삼성전자의 중장기 발전전략을 계획하고 수립하는 일을 해오고 있다.

1968년 서울 태생으로 서울대 동양사학과를 졸업한 뒤 일본 게이오 대학에서 경영학 석사(MBA)를 땄으며 미국 하버드 대학에서 경영학 박사과정을 수료했다. 경복고 시절엔 전체 학생회장을 맡기도 했다.

이 상무는 2005년 5월 필자와 잠깐 만나 "여러 반장들이 모여 간접선거를 해서 학생회장에 추대됐다"며 "리더십 등을 체험할 수 있는 좋은 기회였지만 과분하다는 생각도 한 것이 사실"이라고 말했다.

이 상무의 스타일은 같은 남자가 봐도 꽤 괜찮은 편이다. 훤칠한 키에 부리부리한 눈을 가졌고 체구는 날렵하지만 단단해 보인다. 항상 미소를 짓고 있는 듯한 얼굴은 여유가 있고 보는 이들의 마음을 편안하게 해준다. 그랬던 이 상무도 자신의 경영권 승계를 둘러싼 논란에 마음 고생이 심했는지, 2005년 10월에 마주쳤을 때는 체중이 5kg이나 줄어 있었다. 고질인 허리디스크도 도져 운동하기도 어렵다고 했다.

어쨌든 이 상무가 33세에 직장생활을 시작한 것은 이건희 회장이 26세에 동양방송 이사로 경영수업을 시작한 것에 비하면 다소 늦은 감이 없지 않다. 하지만 자랄 때부터 할아버지 이병철 회장과 아버지 이건희 회장으로부터 경영자로서의 몸가짐과 미래에 대한 비전을 배워왔고 해외유학 생활을 통해 국제적 경영감각을 익혀왔기에 늦은 입사를 충분히 극복할 수 있다는 것이 삼성측의 설명이다.

대학시절 전공을 동양사학으로 정한 이유에 대해 이 상무는 "'경영학은 외국에 나가서 공부하고 학부과정은 인문적 소양과 역사의식을 쌓을 수 있는 동양사학을 하는 게 좋겠다'는 할아버지의 권유에 따른 것"이라고 설명한다.

또 첫 유학지로 미국 대신 일본을 선택한 것은 이건희 회장의 의중이 작용했다. 이 회장 자신도 일본 와세다 대학을 거쳐 미국 조지워싱턴 대학원을 다녔다. 이 회장은 당시 아들에게 "우리가 앞으로 배워야 하고 사업을 많이 해야 하는 나라가 일본과 미국인데, 미국을 보고 나서 일본을 나중에 보면 일본 사회의 특성인 문화의 섬세함과 인내심을 알지 못하게 된다"며 "유학을 가려면 일본에 먼저 가라"고 말했다.

일본 유학시절을 전후해 이 회장은 이윤우 삼성전자 부회장, 진대제 당시 삼성전자 사장(현 정보통신부 장관), 이기태 삼성전자 정보통신 총괄사장 등 테크노 CEO들을 총동원해 직접 '과외'를 시켰다. 이 상무는 그들과 함께 미국과 일본의 선진 연구개발(R&D)센터를 방문, 그곳 기술진들과 만나 미래의 기술발전상에 대해 토론을 가졌다.

게이오 대학 시절, 석사논문은 〈일본 제조업 산업공동화에 관한 고찰〉(1995년)이었으며 일본의 제조업이 엔고(高) 등으로 비용구조가 높아지자 해외진출이 늘어난 데 따른 영향을 분석한 것이었다. 이는 수출비중이 높은 우리나라에도 유사한 상황이 벌어질 경우에 대비한 연구였다.

박사과정에서는 컴퓨터 산업을 주요 연구과제로 선정했다. 국내 전자산업의 대미 의존도가 높을 뿐 아니라 삼성전자의 사업구조가 반도체, LCD모니터 등 컴퓨터 관련분야에 집중돼 있다는 점에 주목한 것이다.

이 상무는 이에 따라 반도체에서 완제품에까지 걸친 컴퓨터 산업 전반의 연관관계와 가치창출의 수직적 인과관계에 대한 분석에 많은 노력을 기울였다.

이 상무는 또 기회 있을 때마다 회장실의 도움을 빌려 국제금융의 중심지인 월 스트리트에서 데이비드 코만스키 메릴린치 회장 등을 만나 새로운 지식과 금융정보를 얻기도 했다.

이 상무를 만나본 사람들은 대부분 "겸손하고 예의 바르다"는 평을 하고 있다. 직급에 관계없이 만나는 이들에게 싹싹하게 인사를 잘 하는 편이다. 삼성전자 기획담당 상무의 자격으로 계열사 사장단 회의에 참석하지만 대부분 오가는 얘기들을 경청하는 데 집중한다고 한다. 이순동 삼성 홍보팀장은 "이 상무는 아무리 오랫동안 앉아 있어도 처음의 꼿꼿한 자세를 끝까지 유지한다"며 "집중력이 좋고 일에 대한 애착이 강하다는 느낌을 준다"고 전한다. 이 상무는 1998년 6월, 대상그룹 임창욱 회장의 장녀 세령씨와 결혼, 영호남의 화합으로 세인들의 주목을 받기도 했다. 혼사는 이 상무의 어머니인 홍라희씨와 세령씨의 어머니인 박현주(박삼구 금호아시아나그룹 회장의 누나)씨가 만들었다. 불교단체인 불이회 회장으로 활동하고 있던 홍씨가 가끔 단체 모임에 나오던 세령씨의 됨됨이를 보고 며느릿감으로 점지한 것이다.

이 상무가 미국 유학 중이었던 기간에 약혼한 두 사람은 결혼할 때까지 약 6개월가량을 떨어져서 지냈다. 이 상무의 유학시절을 엿볼 수 있는 일화 한 토막을 소개한다.

그의 하버드 대학 동창인 이현승씨의 얘기다.

"당시 재용씨는 지갑에 세령씨 사진을 넣고 다니며 가끔 자랑을 했습니다. 대학 기숙사에 돌아오면 화상 인터넷으로 사랑의 밀어를 속삭이기도 해 친구들의 부러움을 사기도 했지요. 이 상무는 공부도 곧잘 했어요. 도서관에서 밤늦게 공부하는 날에는 반드시 모자를 썼는데 며칠 간 머리를 못 감았기 때문이었어요. 당시 저희 반에서 경제학 과목 만점자가 모두 네 명이 나왔는데 그 중 한 명이 재용씨였어요."

이 상무는 삼성 내에서 업무를 본격적으로 익히면서 2002년 가을 세계 최고의 기업인 미국 GE의 CEO 양성과정인 EDC(Executive Development Course)도 이수했다. 이는 GE가 외부인에게 처음 제공한 특전이기도 했다.

이 과정은 전세계 30만여 명의 GE 직원들 가운데 CEO 후보 30명만 뽑아서 1년에 단 한 차례 교육을 실시하는 코스로 GE 인재개발 시스템의 중추다. 식사는 구내식당에서 공동으로 하고 취침 시간을 빼고는 개인시간이 거의 주어지지 않는다. 연수생들에게는 경영학 교과서에 나오는 케이스 스터디가 아니라 GE가 당대에 맞닥뜨리고 있는 최악의 난제가 과제로 주어진다. 이 상무가 이 교육을 받게 된 계기는 제프리 이멜트 GE 회장이 서울에 와 삼성을 방문했을 때 이건희 회장 옆에 앉아 있던 이 상무의 배우려는 열의를 높이 샀기 때문이다.

하지만 이 상무에게 최고의 스승은 역시 할아버지와 아버지다. 그는 선대 이병철 회장으로부터 '사업보국', '인재제일', '합리추구'의 기업이념과 이건희 회장으로부터 미래를 내다보는 준비경영과 인재·기술 경영의 중요성을 철저하게 교육받아 왔다.

그렇다면 이건희 회장은 아들을 어떻게 평가할까.

2001년 7월 이 상무가 정식으로 삼성전자에 입사한 지 넉 달째 접어들 때 〈신동아〉와의 인터뷰에서 밝힌 내용이다.

"본인이 경영에 자질이 있는 것 같고 훌륭한 분들을 열심히 찾아다니면서 필요한 것은 누구한테나 배우려고 합니다. 또한 어릴 적부터 선대 회장의 경영철학을 몸에 익혀왔고 일본과 미국 등지에서의 유학생활을 통해 국제적 경영감각을 갖춰왔기에 경영자 준비는 상당히 되어 있다고 생각합니다. 하지만 경영에 대한 열정과 관심이 높다 하더라도 아직은 경영현장에서 열심히 배우는 것이 중요하다고 봅니다."

이 회장의 이런 평가는 요즘도 크게 달라지지 않았다.

2005년 3월 전경련 회장단 회의에서 기자들과 만난 이 회장은 이렇게 얘기했다.

"재용이 승진요? 글쎄요 아직 더 두고 봐야죠."

11 황태자의 부채

진취적인 사람은 양보심이 부족하고 겸손한 사람은 결단력이 모자라기 십상이다. 섬세한 사람은 바로 자신의 날카로운 감각에 다치고 선이 굵은 사람은 가끔 경솔함으로 자신의 발등을 찍는다. 누구나 장단점을 갖고 있고 뜻밖에도 사람의 편차는 크지 않다.

이건희 삼성 회장의 후계자 이재용 삼성전자 상무는 어떤 인물일까. 분명 이런 분류로부터 벗어나 있지 않겠지만 아쉽게도 이 젊은 예비총수를 아는 사람은 그다지 많지 않다.

필자도 스쳐 지나며 몇 차례 만난 적은 있지만 아직 인터뷰나 진지한 대화를 해본 적은 없다. 이 상무는 좀처럼 자신을 드러내지 않는다. 세상을 향해 어떤 얘기도 하는 법이 없다. 물론 이 상무 개인의 성향은 아닐 것이다. 어찌 보면 삼성이라는 조직이 이 상무의 이미지를 철저하게 관리하고 만들어가고 있다는 표현이 적절할 것이다.

부러움과 질시의 대상

이재용을 바라보는 우리 사회의 시선은 복합적이다.

첫째는 부러움이다. 직설적으로 얘기하면 그는 '이건희 회장의 아들이라는 이유로' 삼성의 총수자리를 바라보고 있다. 좋은 교육을 받았고 좋은 집안에 장가를 들어 서민들이 선술집에서나 토로할 법한 일상의 울분에도 익숙하지 않을 것이다. 직책은 상무지만 삼성 계열사 어느 사장도 그를 말단 임원으로 대우하지 않는다.

그래서 이재용에 대한 세상의 두번째 심사는 질시다. 이건희 회장의 아들이라고 해서 무조건 삼성의 후계자가 돼야 하는 것인가에 대한 평범한 의문이기도 하다.

사실 그렇다. 그의 능력에 대한 판단은 여전히 유보돼 있다. 나이도 어리고 회사에서 본격적으로 일을 한 기간도 5년여에 불과하기 때문이다. 뭘 보여주고 싶어도 거대조직 삼성에서 개인기를 부릴 수 있는 영역은 극히 제한돼 있다.

게다가 이재용은 삼성에버랜드와 삼성SDS 지분을 취득하는 과정에서 시민단체로부터 고발을 당하는 등 적지 않은 상처를 입었다.

참여연대 등의 자극적인 공격은 그에 대한 부정적인 인식을 확산시켰다. 또 그가 한때 의욕적으로 벌였던 인터넷 사업도 이렇다 할 만한 성과를 내지 못했다. 2000년을 전후로 수많은 청년 벤처기업인들이 명멸했던 가운데 이재용도 쓴 맛을 본 것이다.

그럼에도 그는 거의 의심할 여지가 없는 미래 삼성의 총수다. 이미 삼성의 지주회사 격인 에버랜드의 최대 주주일 뿐 아니라 그룹 및 계열사에서 열리는 주요 회의에 참석해 경영수업을 착실하게 받고 있다.

그렇다면 이재용은 이대로 시간만 보내면 삼성 회장이 되는 것일까. 이건희 회장의 강력한 그룹 장악력을 고스란히 물려받을 수 있는 것일까.

사람들은 그가 그룹 회장에 취임하는 순간 물을 것이다. "그룹을 실질적으로 지배할 수 있을 정도의 지분을 가지지 못했음에도, 경영능력이 충분히 검증되지 않았음에도 불구하고 왜 당신이 한국의 대표기업 총수가 되어야 하느냐?"고….

이것은 이재용의 생래적인 멍에다. 그는 모든 일로부터 자유로운 듯 보이지만 사실은 자유롭지 못하다. 지금까지의 결과는 이건희 회장의 아들이라는 이유로 떠밀려온 선택들의 종합에 불과하다. 세상사람들이 아무리 욕을 해도 그는 삼성 회장이 될 수밖에 없는 구조 속에 있다.

탤런트 차인표는 미국에서 대학을 나와 한진해운 뉴욕지사에 입사했지만 어느 날 갑자기 연기자가 되기로 결심하고 귀국한다. 그는 KBS 탤런트 시험에서 두 번이나 낙방했지만 포기하지 않고 끝까지 매달려 성공을 일궜다. 이재용에겐 이런 공간이 없다. 그야말로 외통수의 삶이다. 사람들은 그런 정도의 자유를 포기하는 대가로 삼성그룹 총수가 될 수 있다면 무지무지하게 남는 '장사' 라고 생각할 것이다. 필자 또한 이런 생각에 반대할 생각은 전혀 없다.

필자가 주목하고 있는 대목은 이재용이 지고 있는 막중한 빚이다.

세상에 공짜는 없는 법이다. 그는 두 곳의 채무자를 상대해야 한다.

첫번째 채무자는 바로 자신의 아버지, 이건희 회장이다. 이 회장은 당대 최고의 기업가다. 국내뿐 아니라 전세계를 통틀어서라도 이 회장 정도의 경영능력을 가진 사람은 별로 찾아볼 수 없다. 그는 그룹 회장에 취임한 지 6년이 지난 1993년에 돌연 신경영을 들고 나와 삼성을 세계 초일류 기업의 반열에 올려놓았다. 신경영 이후 삼성의 매출은 3.7배, 세전이익은 83배, 시가총액은 25배로 불어났다. 수출은 국가 전체의 20%, 납세비중은 정부 조세예산의 6%를 웃돌고 있다.

이건희의 후광 극복해야

이재용이 이 회장의 바통을 이어받을 수 있는 가장 큰 이유는 이 회장이 그를 후계자로 생각하고 있기 때문이다. 이재용에겐 아버지의 신뢰야말로 그 무엇과도 바꿀 수 없는 든든한 밑천이요 자산이다. 삼성이 국민경제에서 차지하는 비중, 재계에 이 회장이 갖고 있는 부동의 카리스마, 반도체와 휴대전화 사업을 세계 정상권에 올려놓은 솜씨 등 셀 수 없이 많은 이 회장과 삼성의 덕목들이 찬란한 후광으로 자리잡고 있다.

다시 말해 이재용이 (비록 아들이긴 하지만) 삼성의 후계자로 연착륙하게 된 것은 이건희 회장의 절대적인 영향력과 업적이 있기에 가능하다는 얘기다. 현재로선 이 회장이 아들에 대한 신뢰를 철회할 가능성은 별로 없다. 극히 낮다. 하지만 자신이 선대 이병철 회장으로부터 후계자로 지명받기까지 혹독한 경영수업을 받았던 것처럼 이 회장이 호락호락 경영권을 넘겨줄 사람도 아니다. 수업은 아직 끝나지 않았고 어쩌면 그 기간이 훨씬 길어질지도 모른다.

이건희 회장은 아버지로부터 기업을 넘겨받아 전통 제조업과 금융업 중심의 재래적인 그룹 구조를 세계 최강의 IT 기업군으로 바꿔놓았다. 과연 이재용은 어떤 비전을 준비하고 있는 것일까. 경영자로서 영감과 직관은 얼마나 뛰어날까. 혹시 온실 속에서 자란 화초의 성향을 갖고 있는 것은 아닐까. 이 모든 것이 의문부호인 가운데 이재용은 과거에도 그랬듯이 앞으로도 아버지에 대한 부채의식을 좀처럼 털어내지 못할 것이다.

이재용을 찾아올 두번째 채무자는 시민사회다. 현 상황에서 삼성의 경영 실패는 국민경제의 쇠락으로 귀결될 수밖에 없다. 건전한 대중을 중심으로 국민경제의 골격을 유지하고 있는 시민사회는 이재용 호(號)의 순항 여부를 두 눈 부릅뜨고 감시할 것이다.

이재용은 일부 시민단체들이 유독 자신을 문제 삼아 삼성 지배구조를 비판하는 데 대해 억울해할 필요가 없다. 그는 자신이 우리 사회에서 차별화된 감시의 포인트를 갖고 있음을 인정해야 한다.

2005년 초 정몽구 현대-기아자동차 회장의 아들인 정의선씨가 기아차 사장에 임명됐을 때 이른바 '족벌경영'에 대한 논란은 별로 없었다. 삼성은 "왜 하필 우리만 갖고 그러냐"고 볼멘소리를 하지만 '삼성공화국'이라는 용어가 공공연히 사용되는 마당에 '위상'에 걸맞은 감시와 훈계를 받고 들을 준비를 해야 한다.

어쩌면 시민사회는 단기간에 검증할 수 없는 경영능력보다는 그의 성의 있는 자세와 책임감을 더 요구할지도 모르겠다. 특히 많은 논란을 빚었던 계열사 지분 취득문제에 대해 인간적이고 솔직한 면모를 보여주기를 바랄 것이다.

"내가 한 일이 아니고 그룹이 알아서 한 것"이라고 한다면 곤란하다. 바로 자신의 문제이고 그런 복잡다단한 과정을 거쳐 경영권을 행사할 수 있게 될 것이기 때문이다.

필자는 지분승계와 관련된 여러 가지 법률적 쟁점에 대해 언급할 생각은 없다. 그럴 만한 능력과 전문성도 갖고 있지 않다.

다만 삼성은 눈에 보이는 최단거리를 찾아 승계작업을 했고 대중은 그 결과가 이재용에게 과도한 시혜였다고 생각한다는 점에 주목한다. 삼성이 가는 길과 대중이 생각하는 길 사이에는 엄연한 인식의 격차가 있다.

그 거리를 좁힐 수 있는 장본인은 삼성이 아니고 법원은 더더욱 아니다. 바로 이재용 자신이다. 이런 점에서 삼성그룹 총수를 향한 이재용의 '게임'은 여전히 미완이다.

아마 그도 이런 정도는 알고 있을 것이다. 어쩌면 자신이 명실상부하게 경영권을 이어받아 출사표를 던질 때쯤 공식적인 입장을 밝힐 공산이 크다.

아마도 이런 정도가 아닐까.

"경영권을 물려받기 위해 법이 허용하는 범위 내에서 지름길을 달려왔습니다. 하지만 이 문제로 사회 전반에 거부감과 위화감을 불러일으킨 것은 유감입니다. 저 또한 현실을 살아가는 이기적인 한 인간으로서 욕심을 낼 수밖에 없었습니다. 삼성 경영을 맡아(맡게 된다면) 성심을 다해 국민 여러분의 기대에 어긋나지 않는 기업으로 키우겠습니다."

CHAPTER 4
삼성을 움직이는 CEO

01 빈틈없는 CEO, 이학수

이학수 삼성 구조조정본부장이 직장생활의 최고 미덕으로 꼽는 것은 인간적인 매력이다.

능력이 조금 모자라도 윗사람이 끌어주고 싶은 마음이 들면 샐러리맨으로 장수할 수 있다는 것이다. 여기에 자신만의 독보적인 전문 분야를 확보하고 있으면 금상첨화란다.

20만 삼성 임직원들에게 때로는 경외, 때로는 두려움의 대상이기도 한 이 본부장이기에 다소 의외의 지론이다. 그의 인상은 차갑고 엄해 보인다. 혹독한 구조조정을 진두지휘했기에 독하다는 이미지도 적지 않다. 하지만 이 본부장의 성향을 정확하게 묘사하면 '빈틈없다'는 표현이 가장 적절하다.

1992년 삼성그룹 비서실 차장에 발탁됐을 때 이미 그는 차기 비서실장으로 낙점이 돼 있는 상태였다. 제일모직 관리부장에서부터 비서실 재무팀장 시절에 이르기까지 그는 빠르고 정확한 업무처리로 윗사람들의 신임을 받았다. 경리 출신 특유의 깐깐함과 치밀함을 갖고 있었지만 그렇다고 신수종 사업 추진이나 대규모 투자를 겁낼 정도로 완고하지는 않았다.

경남 밀양 출신인 이 본부장은 부산상고와 고려대 상학과를 나와 1971년 삼성그룹 공채 1기로 입사했다. 잘 알려진 바와 같이 노무현 대통령의 부산상고 2년 선배다. 마산중학교 시절 반에서 1등을 도맡아 할 정도로 공부를 잘 했던 그가 상고에 진학한 이유는 1961년 5·16 군사쿠데타 이후 부친이 다니던 직장(농협)에 대대적인 인사태풍이 불면서 부친의 실직을 염려했기 때문이다. 혹시 가정 형편이 나빠질까봐 상고를 지원했다는 것이다. 다행이 걱정했던 일은 일어나지 않았지만 이 본부장은 어린 나이에도 상당히 조숙했던 모양이다.

이 본부장은 신입사원 연수 때 "앞으로 이 회사에서 사장을 하고 싶다"고 당찬 포부를 밝히며 회사생활을 시작했다. 첫 근무지는 제일모직 대구공장 경리과.

입사 후 희망부서를 써낼 때 대부분의 입사동기들이 삼성물산이나 해외근무를 신청했던 것과 달리 그는 지방의 공장근무를 지원했다. 일을 배우려면 공장에서 시작하는 것이 좋다고 판단해서다. 특히 숙직을 하면 업무를 많이 배울 수 있다는 생각에 남들이 싫어하는 야근을 자청하는 일이 많았다.

그는 입사 후 3년 만인 1974년, '공정별 품종별 원단위 등가계수'라는 것을 만들어 회사를 깜짝 놀라게 했다. 원가 산출방식을 일원화해 회사의 손익계산체계를 정립한 것이다.

당시 제일모직이 수행하던 양복지 사업은 제조업 중 가장 공정이 복잡했다. 원료 조달에서 복지를 만들기까지 무려 120일이 소요됐다. 솜을 들여와 실을 뽑고 천을 짜 염색을 했다. 그런데 솜은 무게로 사고 양복감은 길이로 파는 방식이어서 단가계산이 복잡한 점이 문제였다. 대형 고객들이 조금만 복잡한 방식으로 주문을 해오면 회사에 이익이 될지, 손해가 될지 판단을 하기 어려운 때가 많았다. 당시 제일모직은 원가를 총생산량을 총경비로 나눠서 산출하고 있었다.

이 본부장은 3개월가량 관련부서를 찾아다니며 좀더 정확한 원가산출 방식을 도출하는 데 골몰했다. 숙직은 밥 먹듯이 했다. 그렇게 해서 나온 '공정별 품종별 원단위 등가계수'는 회사의 수익지표를 완벽하게 관리할 수 있을 정도의 정확성과 통일성을 갖고 있었다. 이 본부장은 당시 공장장으로부터 월급의 다섯 배인 30만 원을 특별 격려금으로 받았다. 재무통으로 타고난 자질을 유감없이 발휘한 일화가 아닐 수 없다.

이 본부장이 워낙 숙직을 자주하다 보니 어느 날 동료 직원으로부터 "아니, 일 못해서 죽은 귀신이 붙었나? 아니면 수당 몇 푼 더 챙기려고 일부러 야근을 하나?"라는 비아냥 섞인 불평을 듣게 됐다.

당시 손으로 돌리는 전자계산기는 작동시 기관총 쏘는 소리 같은 소음이 발생했는데, 한밤중에 듣는 사람 입장에선 여간 불편하지 않았던 모양이다. 하지만 인생만사는 새옹지마(塞翁之馬)다.

이 본부장이 고속 승진을 거듭해 1979년 제일모직 관리부장을 하고 있을 때 바로 그 직원이 찾아왔다. 자신의 승진 청탁을 하기 위해서였다. 이 본부장은 그때 일을 기억하고 있느냐고 물은 뒤 "아직도 그때의 마음(정신자세)이라면 돌아가라. 그런 마음이 사라지는 순간 내가 사장님에게 얘기를 해주겠다"고 돌려세웠다. 실로 냉정하고 비수로 찌르는 듯한 얘기가 아닐 수 없다.

그렇다고 이 본부장이 직원들에게 인기가 없었던 것은 아니다. 아직도 인간적인 매력의 중요성을 강조하는 걸 보면 그에게도 남모를 속내가 있는 것이 분명하다.

1976년 12월 대구공장 경리과장 때의 일화다.

당시 그는 급성간염에 걸려 대구병원 6층 8호실에 입원해 있었다.

어느 날 한밤중에 '불이야…' 하고 병실을 뒤흔드는 고함소리에 깨어나 침대를 박차고 일어섰다. 그는 왼쪽 비상구를 향해 뛰었다. 오른쪽 비상구는 항상 닫혀 있다는 사실을 이미 입원할 때 확인해 둔 상태였다. 침대 시트를 물에 적셔 뒤집어쓰고 6층에서 정신없이 아래로 내려왔다. 마침내 1층 복도에 도착하자 살았다는 안도감과 허탈감, 그리고 갑자기 몰려드는 한기로 인해 주저앉고 말았다.

탈진한 상태로 시간이 얼마나 지났을까…. 누군가 자신을 부르는 소리에 고개를 들었다. 놀랍게도 공장 직원들과 간호사들이 자신을 찾고 있었다. 숙직근무를 하던 동료직원이 뉴스를 듣고 급히 연락해 달려온 직원들이었다.

간호사의 가운을 빌려 걸치고 집으로 가는 자동차 안에서 이 본부장은 감격의 눈물을 흘렸다. 그토록 자신을 걱정하는 동료들이 있는 곳에서 일하는 것이 행복했다고 한다.

다시 얘기를 앞으로 돌려 이 본부장의 철두철미한 스타일을 엿볼 수 있는 일화를 한 가지 더 소개한다.

이 본부장은 고려대 대학원 시절 친구의 여동생인 백은주씨를 만나 결혼했다. 백씨의 어머니는 결혼 전에 사윗감의 됨됨이를 알아보기 위해 고려대 교무과를 찾아가 성적표를 보여달라고 했다. 교무과 직원은 어머니에게 "그 학생은 워낙 성적이 뛰어나기 때문에 일부러 볼 필요도 없는데…"라며 학적부를 보여주었다. 과연 성적은 최상위권이었다. 이 본부장은 학창시절 흔한 막걸리조차 입에 대지 않았던 데다 학업 외에 한눈을 판 적도 없었다. 노트는 각종 통계와 그래프로 항상 빼곡했고 책상은 늘 깨끗하게 정돈된 상태를 유지했다.

그는 자신더러 두뇌가 명석한 경영자라는 얘기를 하면 정색을 하고 아니라고 말한다. 야근과 휴일에도 회사에 나와 일한 이유는 일정량의 업무를 소화하는 데 남들보다 더 많은 시간이 필요했기 때문이라고 설명한다.

학창시절 몸에 배인 치밀한 준비와 성실한 노력이 회사 생활에도 그대로 이어져 오늘날까지 온 것이다.

02 불같은 카리스마, 윤종용

윤종용 삼성전자 부회장은 전국에서 가장 무덥다는 경상북도 영천 출신이다. 그를 만나본 사람들은 윤 부회장이 전형적인 경상도 사람이라고 입을 모은다. 오랫동안 서울에서 살았음에도 전혀 표준말이 섞이지 않은(?) 경상도 사투리는 소탈하고 친근한 인상을 준다. 일상적인 얘기를 나눌 때면 마치 이웃집 아저씨와 함께 있는 느낌을 주기도 한다. 그를 만나본 도올 김용옥은 "인자한 할아버지 같았다"고 전한다. 하지만 윤 부회장은 '핏대'를 잘 내는 것으로도 알려져 있다.

근무기강이 해이해질 만하면 추상(秋霜) 같은 경고와 함께 당사자에게는 불벼락을 내린다.

얼마 전에는 폭탄주를 마시지 말라는 엄명을 내려 삼성 태평로 인근 술집들의 원성을 사기도 했다. 삼성에 비판적인 태도를 보이고 있는 참여연대에 '핏대'를 낸 일화는 더 유명하다.

윤 부회장은 2004년과 2005년 삼성전자 정기주주총회에서 지배구조의 문제점을 끈질기게 물고 늘어지는 참여연대 관계자를 향해 "당신, 주식 몇 주나 갖고 있어?", "기업의 지배구조가 문제라면 시민단체의 지배구조는 더욱 문제"라고 직격탄을 날렸다. 한국 대표기업의 CEO로서 '점잖지 못한 언사' 라는 지적도 없지 않았지만 매년 주총 때마다 시민단체의 공세에 시달려온 다른 대기업들은 윤 부회장의 큰 소리를 부러움 속에서 지켜보며 박수를 쳤다.

삼성 떠났다가 재발탁

경북사대부고와 서울대 전자공학과를 졸업한 뒤 1966년 삼성전자에 입사한 그는 TV, 오디오, 비디오 분야에서 잔뼈가 굵은 전형적인 테크노 CEO다. 삼성전자가 오늘날 반도체와 휴대전화 분야에서 세계시장을 석권하기 전까지 성장의 초석을 다져놓은 주역으로 볼 수 있다. 특히 1981년 가장 각광을 받고 있던 VCR 사업본부장을 맡아 당시 세계수준에 뒤져 있던 비디오 사업을 단숨에 세계 정상권으로 끌어올렸다는 평을 받고 있다.

당시 그는 최첨단 기술이었던 VCR 기술을 개발하기 위해 영하 10도가 넘는 곳에서 밤을 새워 혹한 실험을 했으며, 단 한 쪽의 기술정보라도 얻기 위해 수없이 일본 출장길에 올랐다. 얼마나 심한 스트레스를 받았는지 원형탈모증이 생길 정도였다.

윤 부회장은 반도체 사업 등을 맡아본 경험이 없다는 점을 의식해서인지 언젠가 "나는 비전문가요, 사이비다"라고 털어놓은 적이 있다. 하지만 삼성 엔지니어들 가운데 어느 누구도 이 얘기를 액면 그대로 듣는 사람은 없다.

윤 부회장은 지금도 TV나 오디오의 웬만한 회로도는 눈 감고도 그릴 수 있다. 밑바닥에서부터 쌓아올린 기술적 경험과 노하우는 당대 최고 수준이어서 현장감각 역시 따라올 사람이 없다. 여기에다 삼성전기, 삼성 SDI 사장을 거치면서 웬만한 부품얼개나 최근의 개발흐름도 한눈에 꿰고 있다. 이 때문에 가전뿐 아니라 반도체와 휴대전화 사업부에 대한 장악력도 막강할 수밖에 없다.

물론 윤 부회장에게도 한때의 아픔이 있었다. 1980년대 중반 VCR 사업부의 실적이 부진한 데 따른 책임을 지고 회사를 떠나는 시련을 겪었던 것. 그는 현대전자와 필립스전자 등을 짧게 전전하다 1988년 이건희 회장의 부름을 받고 삼성전자에 다시 복귀했다.

직급이 올라갈수록 충성심을 중시하는 삼성의 조직문화 속에서 윤 부회장은 재입사의 핸디캡을 훌륭하게 극복했다. 1988년 삼성전자 부사장에 이어 1990년 대표이사 부사장, 1992년엔 대표이사 사장이 됐다.

이에 대한 삼성 고위 관계자의 전언.

"원래 윤 부회장이 능력이 없어 중도하차한 것은 아니었어요. 매사에 빈틈이 없던 선대 이병철 회장이 VCR 사업부의 실적부진을 질타하기 위해 일벌백계하는 과정에서 일어난 일이지요. 이건희 회장은 당시 윤 부회장의 능력을 무척이나 아꼈지만 부회장 신분으로 선대 회장의 인사방침을 거스를 수가 없었습니다. 그래서 1987년 자신이 그룹 총수를 넘겨받자 윤 부회장을 바로 불러들인 것이지요. 이런 사정을 잘 모르는 사람들이 가끔 윤 부회장더러 '배신자'라는 얘기를 하는데, 얼토당토않은 얘기에요."

운명을 가른 브리핑

윤 부회장이 언론의 집중적인 조명을 받게 된 계기는 1998년 외환위기를 전후로 강력한 구조조정을 추진하면서였다.

일본 본사 사장으로 있다가 1997년 1월 대표이사 사장을 맡아 돌아와 보니 대기업들의 무더기 도산에 따른 내수시장 위축과 환율불안에 따른 수출채산성 악화로 가동률은 엉망이었다. 재고도 눈덩이처럼 불어나 있었다. 그는 외환위기가 상륙한 1997년 말부터 본격적인 구조조정에 나서 혹독한 '칼질'을 시작했다.

무려 140개가 넘는 사업부가 분사되거나 매각 또는 청산됐다. 팩시밀리, 금전등록기, 복사기 등의 사업이 그 시절 정리대상에 올랐다. 이 과정에서 국내외 2만 7,000여 명의 임직원들이 회사를 떠났다. 전체 인력의 35%에 해당되는 수준이었다.

당시 윤 부회장은 사업부의 정리 여부를 최종 결정하기 위해 해당 사업부에 '최후의' 프레젠테이션 기회를 부여했다. 사업부의 존속 이유와 비전을 스스로 설명해 보라는 것이었다.

1998년 8월 한 달 동안 집중적으로 진행된 프레젠테이션에서 절반 이상의 사업부가 커트 라인을 통과하지 못하고 주저앉았다. 적지 않은 직원들이 다시 기회를 달라고 매달렸지만 기업을 살리기 위해선 시간과 속도가 생명이라고 생각한 윤 부회장으로선 받아들일 수가 없었다.

언론은 그에게 '구조조정의 달인'이라는 칭호를 붙여줬지만 결코 심사는 편하지 않았다. 회사를 살리기 위해서 제 식구들을 잘라냈는데 속이 좋을 리가 없었던 것이다. 핏대를 잘 내는 성질과 달리 윤 부회장은 원래 뒤끝이 없고 잔정이 많은 스타일이다. 부하들을 졸지에 실업자의 대열에 밀어넣고 나선 밤늦도록 폭음을 하곤 했다.

윤 부회장은 "지금 그 시절을 생각해도 어떻게 보냈는지 떠올리기조차 싫다"며 "다시 그 일을 하라고 하면 못할 것"이라고 말했다.

영어과외

윤 부회장의 장수비결 가운데 하나로 우직스러울 정도의 노력을 들지 않을 수 없다. 그는 원래 영어를 잘 하지 못했다. 1977년과 1995년 두 차례의 일본 본사 근무를 통해 일본어에는 능숙했지만 영어를 배울 기회가 없었던 것이다. 더구나 윤 부회장이 한창 일을 배울 때에는 일본 업체들의 기술을 베끼기 바쁜 시절이었기 때문에 영어가 별로 필요하지도 않았다.

그러다가 2000년 호주 시드니올림픽이 다가왔다. 당시 윤 부회장은 올림픽의 공식스폰서인 삼성전자를 대표해 IOC(국제올림픽위원회) 위원들을 상대로 영어 축사를 해야 할 상황에 봉착했다. 나름대로 원고를 숙지한 뒤 연설을 마쳤지만 반응은 신통치 않았다.

윤 부회장은 문득 부끄러움을 느꼈다. 명색이 세계 최고의 IT 기업을 지향한다는 회사의 대표이사가 영어를 하지 못한다는 사실에 얼굴이 붉어진 것이다. 그때부터 삼성 본관 25층 집무실 방에는 하루 종일 CNN이 켜져 있었다. 개인 영어교사를 채용해 시간 날 때마다 불러 실전 회화를 익혔다. 한동안 그의 관심은 온통 영어에 쏠려 있었다.

그로부터 3년 가까이 지난 2003년 3월 독일 하노버에서 열린 세계 최대의 정보통신박람회(Cebit). 주제 발표에 나선 윤 부회장은 간간히 유머를 섞어가며 능수능란한 화법을 구사해 동행한 임직원들을 깜짝 놀라게 했다.

그뿐 아니었다. 윤 부회장은 이듬해 마케팅 담당 김병국 부사장(현재 인텔 재직 중)과 박상진 동남아총괄 부사장 등과 글로벌 로드쇼를 떠나던 항공기 안에서 김 부사장의 영어발음에 미국 남부사투리가 섞여 있다며 이를 교정해 주기까지 했다.

그 뒤로 윤 부회장의 영어과외와 그 성과는 한동안 회사 임직원들의 입에 오르내렸다.

역사학에도 조예

윤 부회장은 공대를 나왔지만 역사와 미술 등 인문학에도 상당한 수준의 지식을 갖고 있다.

고교 시절 문과를 택했다면 분명히 철학과를 지망했을 것이라고 말한다. 특히 미술사 분야의 소양은 전문가를 뺨치는 수준이다. 고흐 그림에 대해서는 그림이 그려진 연대와 사용된 물감의 종류, 소장자와 소장 장소까지 꿰뚫고 있다. 그를 만나면 15세기 후반의 피렌체 양식에서 18세기의 바로크 양식, 그리고 20세기로 이어진 미술·건축 사조가 오디오와 같은 전자제품에 어떤 형태로 접목됐는지도 들을 수 있다.

고미술과 전자제품은 윤 부회장의 입을 통해 전혀 엉뚱한 곳에서 결합된다. 그리고 묘한 감동을 준다. 이렇게 해박한 지식의 대부분은 독서를 통해 축적한 것이다. 그는 몇 년 전까지만 하더라도 산업사와 관련된 역사서를 새벽 2시까지 읽곤 했다.

그래서 윤 부회장은 어떤 주제로도 대화가 가능한 CEO로 손꼽힌다. 투박하지만 구수한 경상도 사투리로 풀어나가는 얘기는 막힘이 없다. 도중에 경영현안이 나올 때는 정색을 하고 디지털 시대의 생존과 경영전략을 거침없이 쏟아낸다.

결국 윤 부회장이 국내 최대 기업의 CEO를 10년 이상 지키고 있는 이유는 업무역량과 전문성 외에도 삶의 깊이를 드러내는 다양한 인간적인 매력을 갖추고 있기 때문으로 봐야 한다.

03 이학수와 윤종용

윤종용과 이학수는 삼성의 간판급 전문경영인들이다. 두 사람 다 공식직함은 삼성전자 부회장. 삼성전자 임원 가운데 가장 많은 스톡옵션(주식매수 선택권)을 보유하고 있고 연봉은 60억 원이 넘는 초특급 경영자들이다. 스톡옵션을 지금 당장 행사할 경우 600억 원에 가까운 목돈을 얻을 수 있다. 평범한 월급쟁이 직장인으로 출발해 우리나라에서 가장 성공한 전문경영인이 됐다고 볼 수 있다. 하지만 이들의 스타일이나 역할은 판이하게 다르다. 걸어온 길도 달랐다.

이학수는 흔히 삼성전자 부회장보다는 삼성 구조조정본부장으로 통한다. 명함을 받아보면 '회장실 부회장 이학수'라고 적혀 있다. 그는 한 마디로 이건희 회장의 비서실장이며 이 회장의 경영철학과 전략을 사업현장에 전파하는 역할을 맡고 있다. 통 큰 경영 스타일로 외환위기 이후 성공적인 구조조정을 진두지휘했으며 삼성을 한국의 간판기업에서 세계적인 기업으로 탈바꿈시킨 주역이다.

반면 윤종용은 삼성전자 비데오 사업부장으로 출세의 기반을 다진 사업가형이다. 1996년 이후 삼성전자 대표이사를 10년째 지켜오고 있으며 회사를 글로벌 초일류기업의 반열로 끌어올린 주역으로 평가받고 있다. 다혈질에 가끔씩 핏대도 내는 특유의 카리스마를 앞세워 저마다 개성 있고 고집 센 총괄사업부 사장들을 효과적으로 장악하고 있다.

호사가들은 두 사람의 경쟁적 관계를 부각시킬 법하지만 실제 그런 일은 없다. 누가 삼성의 진정한 2인자인가에 대한 논란도 없다. 두 사람이 회사에서 영향력을 행사하는 방식이 완전히 다르기 때문이다.

이학수는 구조조정본부장으로 그룹 인사·예산·경영 관리를 완벽하게 틀어쥐고 있다. 1971년 제일모직 입사 이후 제일모직 관리부장-비서실 운영 1팀장-제일제당 관리담당 이사-비서실 재무팀장-삼성화재 사장 등을 거친 데서 알 수 있듯이 제조와 금융, 현장과 스태프를 두루 경험했다. 이런 자산을 발판으로 '관리의 삼성'으로 대변되는 그룹의 업무 전반을 총괄 조정하고 이건희 회장을 지근거리에서 보필한다.

1997년 그룹 비서실장(1998년 이후 구조조정본부장으로 직책 변경)을 맡아 8년째 자리를 지키고 있으며 이 회장의 심중을 누구보다 잘 알아 '이 회장의 분신' 또는 '그림자'로 묘사되기도 한다.

2004년 정치권에 수백억 원의 대선자금을 제공한 혐의로 검찰수사를 받을 때는 "이 회장에게 사전이나 사후에도 보고하지 않았다"고 말해 세간의 화제를 모으기도 했다. 삼성 내에서 이학수 본부장의 위상을 잘 알고 있는 내부 임원들은 이 얘기가 전혀 허튼 소리가 아닐 것이라고 믿는 분위기다.

이학수에 대한 이 회장의 신임은 거의 절대적이며 실제 경영전반에 상당한 재량을 갖고 있다. IMF 사태 이후 그룹 구조조정과 삼성자동차 문제 등의 현안들을 탁월하게 처리했으며 계열사 재무구조 개선과 글로벌 스탠더드 경영 도입 등을 통해 삼성의 수익구조를 몇 배나 탄탄하게 만들어놓은 주역이다.

이학수의 이 같은 힘을 윤종용은 선선히 인정하고 있다. 윤종용은 측근 임원들에게 이런 얘기를 한다.

"이학수와 나는 서로 다른 일을 하고 있다. 회사 내 파워를 따지자면 나는 그 사람의 상대도 되지 않을 것이다. 하지만 나는 한 번도 그를 시기하거나 경원시한 적이 없다. 나는 그 사람의 역할을 최대한 존중하고 인정한다."

실제 윤종용은 삼성전자 내 인사권을 거의 행사하지 않는다. 충분히 영향력을 행사할 수 있는 지위를 갖고 있음에도 좀처럼 그렇게 하지 않는다. 삼성전자의 인사와 예산은 최도석 경영지원 총괄사장이 맡고 있다. 그는 가끔 윤종용에게 지침을 받기도 하지만 어디까지나 사업수행과 관련된 분야에서다. 최도석 사장의 업무는 그 성격상 윤종용보다는 이학수의 통제를 받는 쪽에 가깝다. 하지만 윤종용을 허세로 봐서는 곤란하다.

그는 연간 매출 60조 원에 달하는 삼성전자 사업에 대해서는 막강한 영향력을 행사하고 있다. 이기태 정보통신 총괄사장, 황창규 반도체 총괄사장, 이상완 LCD 총괄사장, 최지성 디지털미디어 총괄사장, 이현봉 생활가전 총괄사장 등에게 직접 업무지시를 내리고 보고도 받는다. 사업담당 사장들에겐 윤종용만큼 엄한 시어머니가 없다. 한번 성질을 내면 물불을 가리지 않는다. 초급 간부시절부터 장악력이 뛰어나고 리더십이 있었다. 독실한 기독교 신자로 술을 거의 입에 대지 않는 이기태 사장 같은 사람도 윤 부회장이 건네주는 폭탄주는 할 수 없이 마신다.

윤종용은 특히 기술에 대한 이해도가 무척 높은 편이다. 이건희 회장은 "서울대 전자공학과 출신이긴 하지만 새로운 기술을 받아들이기 위해 누구보다 노력하는 사람이 바로 윤종용"이라고 평하고 있다. 이 때문에 윤종용은 2004년 미국 〈포천〉지로부터 '기술 마법사(Tech Wizard)'라는 칭호를 들었다. 삼성전자를 저가의 백색가전 제조업체에서 반도체, 휴대전화, LCD 부문의 세계 첨단기업으로 변모시키는 데 지대한 공을 세웠다는 것.

삼성의 간판 기업인이란 측면에선 확실히 윤종용이 이학수보다 더 잘 알려져 있다.

이학수의 업무는 외부로 노출되지 않는 반면 윤종용의 일거수일투족은 모두 언론의 주목을 받는다. 외부강연 역시 윤종용이 도맡아 하고 있으며 정부와 합동으로 추진하고 있는 각종 위원회의 간판도 마찬가지다. 만약 이학수가 공명심이 있는 사람이었다면 틀림없이 윤종용을 시기했을 것이다. 하지만 이학수는 자신의 역할을 잘 이해하고 있는 사람이다.

이건희 회장이 전경련 회의나 사장단 회의 등 공식행사 때 가끔 모습을 드러내듯이 그도 1년에 한두 번 여는 공식 기자간담회를 통해 정제된 단어들을 구사한다. 이 회장은 이학수에 대해 "폭넓은 시야와 균형감각을 갖고 있으면서 사심이 없는 사람"이라고 평한다. 바로 그렇기에 계열사 간 조정과 절충을 무리 없이 해내고 뼈를 깎는 구조조정 역시 성공시킬 수 있었다는 얘기다.

04 이기태냐, 황창규냐

이 회장은 2004년 말 삼성그룹 사장단 송년모임에서 느닷없이 "다른 사장들은 황창규 삼성전자 반도체 총괄사장이 고객을 관리하는 방법을 모두 배워라"고 언급, 참석자들을 긴장시켰다. 이 회장이 구체적으로 특정인을 거론하며 칭찬한 적이 별로 없었기 때문이다.

이 회장은 사실 일부러 칭찬을 잘 하지 않는 편이다. '칭찬을 잘못하면 독이 된다'는 것이 그의 지론이다. 결국 이 회장에게 칭찬을 들을 줄 알고 왔다가 오히려 질책을 받고 돌아서는 경우가 많을 수밖에 없다.

그런 이 회장이 드러내놓고 황 사장을 칭찬했으니 이례적이라고 할 만했다. 하지만 사장단 모임에서 공개적으로 칭찬을 듣기는 이기태 삼성전자 정보통신 총괄사장이 더 빨랐다. 이 사장은 2003년 말 사장단 모임에서 휴대전화의 진화에 따른 경영전략을 멋들어지게 설명, 이 회장으로부터 "이제 휴대전화 사업은 나보다 이 사장이 더 낫네"라는 얘기를 들었다.

이기태 사장과 황창규 사장은 삼성전자의 양대 사업인 휴대전화와 반도체 사업을 총괄하고 있는 특급 CEO들이다. 두 사람 모두 자기 분야에서 세계 IT 업계의 기린아로 평가받으며 화려한 날들을 보내고 있다.

황창규 사장은 2005년 4월 미국 전자산업협회(EIA)로부터 비(非)미국인으로는 처음으로 '기술 리더상'을 받았다. 이에 뒤질세라 이기태 사장도 한 달 뒤에 전기전자기술자협회(IEEE)로부터 정보통신업계의 '노벨상'으로 불리는 '올해의 산업 리더상'을 수상했다. 하지만 이들이 사이좋게 삼성전자의 황금기를 구가하고 있다고 생각한다면 착각이다.

언제쯤이 될지 속단하기 어렵지만 이 사장과 황 사장은 강진구-김광호-윤종용으로 이어지는 역대 삼성전자의 최고 CEO 자리를 놓고 숙명적인 대결을 벌일 것으로 관측되고 있다. 두 사람 모두 자존심이 세기로 이름난 인물들이기 때문에 신경전 또한 만만찮다.

두 사람이 서로를 헐뜯거나 비방한다는 것은 아니다. 다만 일에 대한 자부심을 강하게 피력하는 과정에서 자신도 모르게 상대방을 자극하는 얘기들이 종종 나온다. 서로 드러내놓고 설전을 벌인 적은 없지만 제3자들을 끼고 주장-반박-재반박을 하는 경우가 많았다. 여기서 '제3자들'이란 주로 기자들이게 마련이지만 사내 임원들도 이런 경험을 한 적이 적지 않다. 이런 상황에서 이 사장과 황 사장은 성장배경과 경영 스타일, 성격 등이 판이하게 달라 과연 누가 '포스트 윤(윤종용)' 체제를 이어받을지 초미의 관심을 모으고 있다.

순수 토종 vs 해외유학파

이 사장은 1948년생으로 대전 보문고와 인하대 전기공학과를 나왔다. 평범한 학벌에 석사나 박사학위도 없다. 1973년 삼성전자 라디오과에 입사해 줄곧 음향기기 관련 엔지니어로 일했다. 조금 괜찮은 경력이라곤 1985년 회사의 주력 생산품인 '비디오' 생산부장을 지낸 것 정도다. 이사 승진도 그다지 빠르지 않았다. 오히려 상사들과 잦은 마찰을 빚으며 수차례 사표를 낸 전력이 있을 정도로 직장생활은 평탄치 않았다. 삼성전자를 다니는 동안 단 한 번도 해외연수나 유학을 간 적이 없다.

반면 황 사장은 부산고-서울대 전기공학과를 나와 미국 메사추세츠 주립대학에서 박사학위를 딴, 전형적인 엘리트 코스를 밟은 인물이다. 1980년대 후반 세계 최고의 반도체 업체인 미국 인텔사의 자문역을 맡아 안정적인 생활기반도 갖췄다.

그는 1989년 자신의 힘으로 일본 반도체 업계를 제치겠다는 야심에 갑자기 진로를 바꿔 삼성에 입사했지만 초기에는 이질적인 조직문화에 잘 적응하지 못해 상당히 애를 먹기도 했다. 오랜 해외생활 덕분에 영어에 무척 능통하고 국제감각 또한 뛰어나다. 특히 인텔의 창업자인 앤드류 그로브 등과 같은 세계적인 IT 거장들과의 교류를 통해 국내보다 해외에서 더 대접받는 인물이기도 하다.

1953년생으로 이 사장보다 다섯 살 아래지만, 이 사장과 같은 시기인 2001년에 사장으로 승진해 어깨를 나란히 하고 있다.

축구 vs 음악

두 사람의 성향은 성장배경만큼이나 차이가 많다. 이 사장의 별명은 '깜박이 없는 불도저'다. 어떤 일이든 저돌적으로 밀어붙이는 스타일에서 비롯된 것이다. 이 사장은 한 마디로 뚝심과 오기로 똘똘 뭉친 사람이다.

출세의 기반이 된 무선사업부는 처음에 그다지 인기 있는 부서가 아니었다. 무선전화기가 오늘날 황금알을 낳는 휴대전화 사업으로 이토록 빨리 '진화' 할 줄은 아무도 몰랐다. 그런데도 1990년 이후 한번도 정보통신 사업부를 떠나지 않았다.

학창시절 그가 즐겨했던 운동은 축구였다. 검정고무신을 신고 동네 친구들과 땅거미가 지도록 공을 찼다. 월급쟁이 생활이 체질에 맞지 않을 것 같아 애당초 사업을 하려 했던 그였다. 결혼을 한 뒤 생활안정을 위해 몇 년만 직장을 다니려고 삼성에 입사한 것이 오늘에 이르렀다.

이에 비해 황 사장은 구한말 매화 분야에서 일가를 이뤘던 화원화가(조선시대 도화서에서 일하던 직업화가) 황매산 선생의 친손자로 비교적 유복한 환경에서 자랐다. 축구보다는 테니스를 즐겼으며 음악, 미술, 서예 분야에 전문가 수준의 식견을 갖고 있을 정도로 예술적 재능도 뛰어나다. 특히 부산고 시절 합창반 활동을 통해 키운 노래 실력은 웬만한 수준을 넘어서 있다는 평이다. 어릴 때부터 머리가 좋았고 공부도 잘 했다. 학자가 되기로 마음먹고 젊은 날의 모든 스케줄을 철저하게 관리하고 절제했다. 대학시절에는 막걸리 한잔도 멀리 했으며 군복무는 연구활동을 지속할 수 있는 해군사관학교 교관을 지원했다.

기여도 누가 높나

CEO는 실적으로 평가받는다. 2004년 정보통신 총괄사업부는 매출 18조 9,000억 원에 영업이익 2조 8,000억 원을 올렸다. 반도체 총괄사업부는 매출규모(18조 2,000억 원)는 다소 뒤졌지만 무려 7조 5,000억 원의 이익을 올려 정보통신을 압도했다. 단순 수치만 놓고 보면 황사장측이 우세할 수밖에 없다. 하지만 2004년 정보통신쪽의 투자가 고작 2,900억 원이었던 데 비해 반도체 투자는 5조 5,000억 원에 달했다. 투자 대비 수익창출 능력을 따지면 정보통신 사업부가 훨씬 우수하다.

이기태 사장측은 반도체 사업부가 돈을 많이 벌기는 하지만 삼성전자에 새로운 지평을 제시한 것은 휴대전화 사업이라고 단언한다. 또 반도체 사업이 강한 이유도 휴대전화 사업이 탄탄히 뒤를 받치고 있기 때문이라고 주장한다.

반면 황창규 사장측은 반도체 기반이 없었더라면 휴대전화 사업의 비약적인 성장이 불가능했을 것이라는 입장이다. 휴대전화에 들어가는 반도체 수만 보더라도 이런 구조를 잘 알 수 있다는 것이다.

결국 이 사장은 자신이 휴대전화를 삼성의 미래 신수종 사업으로 안착시켰다는 점을 최대 공으로 내세우고 있고 황 사장은 D램뿐 아니라 플래시메모리 사업을 세계 1위로 육성하면서 세계적인 모바일 혁명을 주도하고 있다는 점을 강조하고 있다.

CEO로서의 자질

삼성전자는 반도체, 휴대전화뿐 아니라 디지털 가전, 백색가전, 컴퓨터, LCD(액정표시장치) 등 온갖 IT 제품들을 생산하는 통합 전자회사다. 따라서 최고 CEO가 되려면 특정 분야의 전문성 못지않게 사업군 전체를 아우를 수 있는 안목과 경륜을 갖고 있어야 한다. 이런 점에서 보면 젊은 시절부터 회사에서 잔뼈가 굵은 이 사장이 반도체 한 분야의 경험을 갖고 있는 황 사장보다 유리하다.

하지만 황 사장은 반도체뿐 아니라 이른바 '황의 법칙(반도체 집적도가 해마다 2년씩 증가한다는 이론)'을 통해 미래 디지털 시대의 분명한 비전을 제시하고, 또 이를 스스로 입증함으로써 전자산업 체계를 종합할 수 있는 능력을 보여줬다.

두 사람의 리더십 역시 큰 흠을 찾지 못할 만큼 탁월하다. 이 사장은 겉으로 팍팍한 스타일이긴 하지만 속정이 깊고 작은 실수에도 관대하다. 몰아칠 때는 정신을 쏙 빼놓을 정도로 거칠게 대하지만 한번 혼을 낸 직원은 꼭 다시 불러 마음을 달래준다.

황 사장은 미국에서 오랫동안 생활했기 때문에 토론을 즐기고 합리적인 의사결정을 중시한다. 개인의 자율을 중시해 직원들이 자유롭게 일할 수 있는 분위기를 조성하는 데도 일가견이 있다.

결국 이 사장과 황 사장을 비교하면 서로 장단점이 분명하고 회사에 대한 기여도 또한 엇비슷한 수준이기 때문에 현 단계에선 누가 더 유리한 고지를 점령하고 있다고 말하기 어렵다.

다만 황 사장의 경우 메모리에 이어 비메모리 사업을 세계 정상권으로 올려놓아야 한다는 문제, 이 사장은 노키아와 모토로라의 틈바구니 속에서 삼성 휴대전화를 완벽한 명품 반열에 올려놓아야 한다는 숙원을 어떻게 풀어나가느냐가 차기 CEO로의 낙점을 가늠하는 잣대가 될 것으로 보인다.

최종 낙점은 이건희 회장의 몫이다. 이 회장은 두 사람 간 선의의 경쟁이 회사 성장과 발전에 큰 자양분이 될 것이라고 믿는 눈치지만 어차피 '톱'은 한 사람이 될 수밖에 없다.

이 사장과 황 사장이 벌이는 최후의 레이스에 전세계 IT 기업들의 지대한 관심이 쏠리고 있다.

05 삼성에서 출세하려면

성공은 모든 직장인의 꿈이다. 성공의 기준을 돈이나 명예와 같은 통속적인 수준으로 잡아도 마찬가지다. 하지만 꿈을 이룬다는 것은 무척 어려운 일이다. 사실 많은 사람이 의도한 인생을 제대로 살아갈 수 있다면 성공의 희소가치는 현저하게 약해질 수밖에 없고 이런 일은 현실에서 좀처럼 일어나지 않는다. 경쟁은 불가피하고 차지하고자 하는 자리나 영역은 제한돼 있게 마련이다.

삼성은 국내 모든 기업조직 가운데 가장 경쟁이 치열한 곳이다. 도중에 회사를 그만둔 사람들에게 이유를 물어보면 대부분 첫손가락에 꼽는 얘기가 "숨이 막혀 못 살겠다"는 것이다.

월급 많고 안정된 일자리지만 삭막할 정도로 경쟁 일변도의 분위기가 조성돼 있다는 점은 큰 문제라고 꼬집는다.

경쟁은 신입사원 시절부터 시작된다. 좋은 계열사에 원하는 보직을 얻기 위해서는 연수원 시절부터 앞서 나가야 한다. 적지 않은 청년들이 고무줄처럼 팽팽한 긴장을 견디지 못하고 일찌감치 다른 직장을 알아보는 것도 이즈음이다. 젊은 시절의 상처는 두고두고 자신을 괴롭힌다. "왜 좀 더 과감하지 못했던가, 무엇이 부족해 다른 동료들에게 뒤져야 했던가…" 하는 따위의 회한들은 여간해서 지워지지 않는다.

연수원 교육을 마치고 난 뒤 일단 현업(계열사)에 배치되면 일을 배우느라 정신이 없다. 여느 신입사원들이 그렇듯이 여기저기 인사 다니고 밤에는 회식자리에 끌려다니느라 눈코 뜰 새가 없다. 기강을 잡기 위해 일부러 혼을 내는 상사들의 강짜도 견뎌야 한다.

분명 즐겁고 보람 있어야 할 일이지만 거의 매일 떨어지는 새로운 업무지시와 시시각각 변하는 업무환경에 시달리다 보면 입사 초에 가졌던 '삼성맨'이 됐다는 자부심은 온데간데 없다.

그러다가 어느 날 문득 깨닫고 자문한다. "나는 과연 이 조직에서 살아남을 수 있는가?"라고. 모골이 송연해지는 느낌이 든다. 돌아보면 온통 지뢰밭이다. 한발 삐끗하면 냉혹한 추궁이 뒤따르고 몇 번 반복되면 시쳇말로 '찍히는' 신세가 된다. 연말마다 돌아오는 인사고과 평가도 괴롭지만 입소문으로 번지는 "누구누구는 괜찮고, 누구누구는 시원찮다"는 평판은 더욱 곤혹스럽다.

영리하고 날랜 동료들은 저만치 앞서가는데 나만 주목받지 못하는 것 같아 울적할 때도 많다. 조직이 원망스럽고 잘난 동료들과 상사들의 환한 웃음이 역겹기도 하다.

거미줄처럼 얽혀 있는 기업구조 속에서 하나의 실책은 타조직의 질책과 원성을 사게 되고, 그것이 개인과 소조직의 평판에 여과 없이 반영된다. 입사동기들 중 대리나 과장으로 조기 승진한 사람들의 소식이 들어온

날, 아무도 자신을 알아주는 사람이 없다는 생각에 차라리 모든 것을 포기하고 싶은 심정일 게다.

마라톤에서 한번 뒤진 사람은 앞서 달리는 이보다 훨씬 고통스럽다. 따라잡아야 한다는 절박감이 가뜩이나 터질 듯한 심장과 혈관을 더욱 옥죄고 압박하기 때문이다.

아무 생각 없이 그저 흘러가는 대로 직장생활을 하다가는 바보 되기 딱 좋은 곳이 삼성이다.

전문성 타고나는 것 아니다

삼성에서 이른바 출세한 사람들은 성공에 이르는 몇 가지 덕목을 권한다. 듣기에 따라 뻔해 보일 수도 있지만 세상일에 왕도라는 것이 없다고 보면 경청할 대목도 적지 않다.

이들의 얘기를 종합하면 직장을 오래 다니기 위한 첫째 조건은 개인 전략이다.

경력관리를 잘 하라는 것이 아니다. 쉽게 말해 자신만의 특기와 전문 영역을 가지라는 것이다. 현재 삼성 사장들을 둘러보라. 팔방미인이 별로 없다. 모두 한 분야를 파고들어 자신만의 고유한 브랜드를 만든 사람들이다.

이기태 삼성전자 정보통신 총괄사장은 1980년대 비디오가 전자사업의 꽃으로 각광을 받고 있던 시절에 홀로 무선사업부를 지키며 오늘날 애니콜 신화를 만들었다. 그는 업무처리 방식을 놓고 상사들과 수 차례 맞서며 사표 제출도 불사했지만 삼성이 휴대전화 사업을 본격 추진키로 결정했을 때 사내 누구도 그의 적수가 되지 못했다. 마음고생을 견디며 오랫동안

한 우물을 팠던 결실에 다름 아니다. 하지만 전문성을 확보한다는 것이 말처럼 쉽지 않다. 모든 것이 경쟁적인 여건에선 특히 그렇다. 강력한 의지와 노력에다 운까지 따라야 한다. 이 사장은 특유의 뚝심과 돌파력으로 무수한 난관을 넘었다. 제조현장을 한번 찾아가면 엔지니어들을 모아놓고 밤을 새워가며 회의를 했다.

최지성 디지털미디어 총괄사장도 외골수 스타일로 정평이 난 인물이다. 그는 한 마디로 독종이다. 인문계를 나왔지만 삼성 반도체 신화의 일익을 맡아 출세가도를 달렸다.

그는 이공계 분야의 부족한 지식을 채우기 위해 1,000쪽이 넘는 반도체 이론서를 달달 외우고 다녔다. 유럽에서 반도체 영업을 하며 숱한 엔지니어들을 만났지만 어느 누구에게도 '무식하다'는 얘기를 들은 적이 없다.

이렇게 길러진 전문성이 오늘날 디지털 컨버전스로 대변되는 세계 IT 업계의 격돌장 한복판에 그를 있게 한 것이다.

삼성전자의 노태기 고문은 1983년 삼성생명 부동산팀장으로 삼성에 입사해 국내 최고의 부동산 전문가가 됐다. 그는 삼성전자의 사업 확장기를 맞아 절묘한 곳에 사업용 부지를 마련하면서 사내에서 확고한 입지를 다진 인물이다. 삼성이 LCD 단지로 육성하고 있는 아산·탕정지역 매입도 그의 작품이다.

이런 전문성은 누구도 쉽게 모방할 수 없다는 점에서 강력한 생명력을 가질 수밖에 없다.

최근 삼성의 인사정책 역시 범용성 인재를 기피한다. 자신만의 확실한 주특기를 가진 인재, 개성 있고 색깔 있는 인재를 원한다. 변호사, 회계사, 신춘문예 당선자 등을 적극 채용하는 이유이기도 하다.

비서실에 대한 오해

흔히 삼성은 비서실(구조조정본부) 출신들이 다 해먹는다고 한다. 절반은 맞고, 절반은 틀린 얘기다.

출세한 사람들이 구조본을 거쳐간 것은 틀림없는 사실이다. 최지성 삼성전자 사장, 김순택 삼성SDI 사장, 유석렬 삼성카드 사장, 배동만 제일기획 사장, 고홍식 삼성토탈 사장, 송용로 삼성코닝 사장, 이우희 에스원 사장, 김징완 삼성중공업 사장, 이창렬 일본 삼성 사장, 박근희 중국 삼성 사장 등이 모두 구조본 출신 CEO들이다.

이들 중엔 구조본 근무를 전후로 특별승진을 거듭한 사람도 있다. 구조본에 근무하는 임직원들도 계열사로 이동을 하거나 새로운 보직을 받을 때 어느 정도 혜택을 받는다. 인사권을 장악하고 있는 조직에 있다 보니 아무래도 '팔이 안으로 굽는' 경우도 없지 않은 것이다. 하지만 구조본 출신들이 요직에 중용되는 이유는 그들의 경력 때문이 아니라 '전체를 볼 수 있는 시야와 판단능력' 때문이다.

기업을 둘러싼 경영환경을 전사적 안목으로 생각할 수 있는 능력이야말로 경영자의 자질이다. 구조본은 이런 기회와 경험을 제공한다. 지금은 신세계로 가 있는 구학서 사장 같은 이는 직장생활 중 가장 실력이 많이 늘었던 시기로 1977년 삼성그룹 비서실에서 관리과장을 하던 때를 들고 있다.

이런 점에서 '비서실 출신들이 다해 먹는다' 는 얘기는 '비서실 근무를 통해 그룹 경영에 대한 체계적인 안목과 경험을 쌓은 사람들이 다해 먹는다' 고 수정돼야 한다.

구조본 근무는 개인에게 분명 행운이지만 아무나 갈 수 있는 것은 아니다. 바로 이 점이 삼성에서 성공을 꿈꾸는 수많은 야심가들의 딜레마다. 연줄이 닿는다고, 또는 특정인이 끌어올린다고 해서 가능한 것이 아니다.

기회는 아주 우연한 곳에서 찾아온다. 하지만 결과만 따지고 보면 똑똑하고 노력하는 사람들에게 기회가 다가온다고 봐야 한다.

이승한 삼성테스코 사장은 1973년 제일모직의 조그만 자회사 제일복장의 평사원으로 일하다가 이듬해 일약 비서실 감사팀 근무 명령을 받았다. 제일복장에 감사를 나온 당시 이용석 감사팀장(전 삼성화재 전무)이 그의 명쾌한 설명과 부지런함을 높이 샀기 때문이다.

지금은 SK텔레콤 사장으로 가 있는 김신배 사장 역시 1988년 삼성전자 근무시절, 아무도 시키지 않은 미국의 해묵은 송사를 단신으로 해결해 비서실에 입성했다.

물론 비서실 출신이라고 무조건 승승장구하는 것은 아니다. 그곳에도 나름대로 경쟁이 있고 피를 말리는 스트레스가 있다. 계열사 임직원들은 구조본을 두려워하지만 구조본은 이건희 회장을 훨씬 두려워한다. 어쩌다 신문에 계열사와 관련된 예민한 기사라도 한줄 나가면 해당 기업보다 구조본이 훨씬 난리를 친다. 삼성을 보위하는 최후의 방어선이자 최전선 병사의 심정으로 살아가는 곳이 구조본이라는 조직의 생리다.

인간적 매력과 출세의 상관관계

능력과 인간성은 반드시 비례하지 않는다. 오히려 상충될 때가 많다. 삼성맨들은 단정하고 세련돼 있지만 어딘지 차갑고 메말라 보인다는 얘기를 듣는다. 숨막히는 경쟁을 견뎌야 하는 사람들 특유의 냉소도 엿보인다. 하지만 삼성 내에서 인간성은 꽤나 중요한 평가요소다. 아무리 시스템을 중시하는 기업문화를 갖고 있다 하더라도 기본적으로 조직을 움직여나가는 힘은 사람에게서 나온다. 상사가 자신의 자질을 인정해 주고 계속해서 비중 있는 업무를 맡긴다면 그보다 좋은 여건은 없을 것이다. 전문경영인으로는 삼성 내에서 최고 자리에 오른 이학수 부회장. 그는 "직장생활을 할 때는 후배들로부터 신망을 받으면서 선배로 하여금 이끌어 주려고 하는 마음이 들게 해야 한다"고 말한다.

그는 CEO가 되기 위한 조건으로 기술에 대한 전문성을 그다지 크게 생각하지 않는다고 설명한다. 과거 제일모직에서 관리업무를 맡았던 자신의 경험에 비춰볼 때 아무리 어렵고 복잡한 기술적 체계를 갖춘 회사일지라도 마음먹고 1년만 들여다보면 얼추 이해를 할 수 있다는 것이다. 그래서 직위가 올라갈수록 인격이 중요해지고 조직이 건곤일척의 승부를 앞두고 장수를 고를 때도 최종적으로 인간성을 고려한다고 한다.

사실 인격이라는 것은 그 어떤 자질과도 바꿀 수 없는 경쟁력일지도 모르겠다. 매력은 사람과 정보를 모으고 친화력과 카리스마를 형성하는 토양이 된다.

삼성전자의 최도석 경영지원 총괄사장은 CFO(재무담당 최고경영자)로서 적지 않은 영향력을 갖고 있다. 그는 1980년 이후 줄곧 경리와 관리업무를 맡아온 회사 살림통이기도 하다. 하지만 사내에서 최 사장을 비난하는 사람은 거의 찾아볼 수 없다. 스스로 몸을 낮추고 임직원들을 대하기 때문이다.

그는 분기결산 철이 되면 사업부 사장들을 찾아다니며 애로사항을 듣거나 부탁할 것은 직접 얘기한다. 경영지원은 말 그대로 일선 사업부가 제대로 경쟁력을 가질 수 있도록 뒤에서 지원하고 돕는 역할이어야 한다고 생각한다. 성격도 소탈하다. 우연히 기자들을 만나도 스스럼없이 폭탄주를 만든다. 폭탄주를 마시는 것이 중요한 것이 아니라 그만큼 격의 없다는 얘기다. 호방하고 선 굵은 성격이지만 잔정도 많다. 물론 그렇다고 아무도 최 사장을 호락호락 넘겨다보지 않는다. 힘 있는 사람이 힘을 쓰지 않는다고 해서 허약하다고 오해할 사람은 없는 것이다. 이상완 LCD 총괄사장 역시 사내에서 두루 신망을 받고 있는 CEO다. 그는 영어와 일어에 능통한 실력을 발판으로 화려한 비즈니스를 구사하지만 몸가짐은 신중하고 겸손하다. 개인적인 업적을 자랑하는 법도 없다. 이상운 (주)효성 사장의 친형이기도 한 그는 2005년 10월 필자와 일본에서 만나 자신의 성공비결을 이렇게 얘기했다. "그냥 열심히 했지요, 뭐. 월급쟁이가 그런 것 아닙니까?"

브리핑 실력도 갖춰야

어떤 조직에서든 출세를 하려면 적절한 시기에 자신의 능력을 드러낼 수 있어야 한다. 삼성에선 그런 기회가 프레젠테이션으로 다가온다. 고위직 인사들이 앉아 있는 곳에서 설명하고자 하는 바를 완벽하게 브리핑하고 쏟아지는 질문도 능란하게 넘어갈 수 있다면 당장 주목받을 수 있다. 삼성처럼 계열사별 사업체계가 중복되는 부분이 많고 환경, 안전 등 사회 제반부문을 고려해야 하는 분위기 속에선 특히 그렇다.

그래서 삼성은 전통적으로 브리핑이 강한 조직이다. 과거 김순택 삼성 SDI 사장은 엔지니어들이 이건희 회장 앞에 불려가 20~30분씩 설명해야 했던 사안을 단 2분 만에 해치운 적도 있다.

황영기 전 삼성증권 사장이 2004년 우리금융지주회사 회장 자리를 노크할 때 수많은 면접 경쟁자들을 압도적인 차이로 물리칠 수 있었던 이유도 금융에 대한 탁월한 식견과 함께 이를 심사위원들 앞에서 설득력 있게 제시한 브리핑 실력 때문이었다. 삼성전자 사장을 하다가 2003년 정보통신부 장관으로 입각한 진대제씨는 청와대 업무보고에서 화려한 브리핑 실력으로 노무현 대통령과 다른 장관들을 깜짝 놀라게 했다. 파워포인트를 통해 구현되는 그림과 디자인 등의 콘텐츠가 월등했던 데다 동영상까지 띄워 효과를 배가시켰다. 참석자들은 '역시 삼성 출신은 다르구나' 하고 감탄할 수밖에 없었다. 삼성전자의 황창규 반도체 총괄사장도 진대제 장관의 계보를 잇는 실력을 자랑한다. 그는 신기술을 발표하는 매년 9월이 되면 무선 마이크를 든 채 1시간이 넘도록 호텔연회장을 종횡무진 누빈다. 목소리는 확신에 차 있고 분석은 명쾌하다.

요약을 잘 하는 것도 중요하다. 비서실에서만 20년 이상 근무한 이창렬 일본 삼성 사장은 짧은 시간에 핵심을 가장 빨리 짚어내는 것으로 유명하다. 그의 보고서는 하나의 '예술작품'으로 평가받는다. 1997년 비서팀장 시절 이 회장 지시를 즉석에서 받아 적은 수첩 자체가 하나의 보고서였다. 이 사장은 그 수첩을 확대복사해 바로 계열사에 보내주었고, 계열사는 그 자료를 별로 고치지도 않고 그대로 문서파일에 끼워넣었다. 이는 빠르고 신속한 판단능력이 뒷받침됐기에 가능하다.

앞서 열거한 덕목들 중에 요즘 새롭게 각광받고 있는 것은 글로벌 경쟁력이다.

삼성은 단기간에 글로벌 기업으로 급부상했다. 글로벌 인력 수요는 점증하는데 내부에서 양성한 인력은 태부족이다. 이런 점이 삼성의 핵심인재 영입으로 나타났기도 하지만 글로벌 감각과 식견을 갖춘 직원들은 다른 사람들에 비해 밝은 미래를 보장받을 수 있다.

호텔신라의 이만수 사장은 바로 자신의 글로벌 경쟁력 때문에 벼락출세를 한 인물이다. 그는 1978~81년 초까지 삼성물산 파나마 지점에서 해외근무를 시작한 이후 뉴욕지사 부장-삼성미주본사 뉴욕지사장-삼성물산 뉴욕지사장 등을 거치며 뉴욕에서만 직장생활의 17년을 보냈다.

그대로 해외에서 '썩을 줄 알았던' 이 사장에게 기회가 찾아온 것은 1996년.

그는 국내 의류 브랜드의 불모지나 다름없는 미국시장에 '후부'라는 브랜드를 선보여 선풍을 불러일으켰다. 후부는 미국 흑인들이 가장 좋아하는 스포츠 캐주얼로 자리잡았다. 그는 후부를 성공시키기 위해 시장의 흐름을 철저하게 분석하고 연령별·성별 취향도 따로 챙기는 치밀함을 보였다.

이 사장은 이 공로로 1999년 정기 인사에서 '자랑스러운 삼성인상'을 받으며 이사에서 전무로 두 단계나 승진했다. 2002년에 부사장이 되더니 불과 1년 만에 사장으로 승진해 호텔신라를 맡았다. 그는 비즈니스센터에 블룸버그 단말기를 설치하고 도심에 투숙객 전용 비즈니스센터를 별도로 설치하는 등 특유의 국제감각을 유감없이 선보였다.

06 명예의 전당을 향해

종신급여 받는 명예의 전당

'명예의 전당' 제도는 한 분야에서 최고 경지에 오른 사람의 업적을 기리기 위한 것으로 스포츠와 연예계에서 가장 활성화돼 있다. 후세에 남을 대기록을 수립하거나 경기발전에 지대한 영향을 미친 선수를 선정, 그들의 공로를 기리고 후배선수들에게 귀감이 되게 하는 미 프로야구 명예의 전당은 모르는 사람이 없을 정도다. 요즘 슬럼프라고는 하지만 한국이 낳은 세계적인 골프스타 박세리도 미국 LPGA 명예의 전당 헌액이 확정된 상태다.

삼성도 1995년 명예의 전당 제도를 도입했다. 경기도 용인 인력개발원 내에 50평 규모의 공간을 마련해 흉상과 각종 업적들을 전시해 놓고 있다. 헌액자에게는 퇴직 당시 급여의 70%를 사망할 때까지 지급하고 본인이 사망하더라도 배우자에게 50%를 종신 지급토록 하고 있다.

결국 명예의 전당은 모든 삼성인이 도달하고 있는 꿈의 종착역이라고 할 수 있다. 사장-부회장-회장을 거치는 동안 회사발전에 획기적으로 기여한 공로가 있어야 하고 후진들의 존경도 받아야 하기 때문이다. 하지만 지금까지 삼성 명예의 전당에 헌액된 인물은 단 한 사람에 불과하다. 2000년 퇴임한 강진구(78) 전 삼성전자 회장이다.

강 전 회장은 1957년 서울대 전자공학과를 졸업한 뒤 국내 최초의 TV 방송국 HLKZ-TV와 미군방송 AFKN 등에서 일하다 민영방송인 동양TV 개국 당시부터 기술부장을 맡아 방송장비 국산화 작업 등을 주도했다.

1973년 적자 투성이었던 삼성전자 대표이사를 맡아 자진 퇴임을 결정하기까지 27년여 동안 국내 전자업계의 대표적인 전문경영인으로 활동하며 삼성전자를 세계 일류기업으로 육성하는 데 지대한 공로를 세웠다는 평을 듣고 있다. 특히 1974년에 반도체 부문의 전신인 한국반도체를 인수하면서 삼성의 반도체사업을 본격화하는 기틀을 마련했으며 64KD램 등의 개발을 주도했다. 공평무사한 업무처리와 열정적이고 진취적인 경영 스타일로 지금도 많은 후배들의 칭송을 듣고 있다.

강 전 회장 이후 지난 10년 동안 명예의 전당 헌액자가 나오지 않고 있는 이유는 심사기준을 충족시키는 적당한 인물이 없었기 때문이다. 일부 회장급 퇴역 경영자들이 후보에 올라 심사를 받기는 했지만 이런저런 이유로 최종 선정되지는 않았다.

몇 년 후가 될지 모르겠지만 현 상황에서 가장 유력한 후보군으로는 비서실장을 거쳐 삼성생명 등 금융사업을 국내 최고 수준으로 키운 이수빈 삼성사회봉사단장, 1990년대 중반 이건희 회장의 신경영을 최측근에서 보필하며 삼성의 재도약 발판을 마련한 현명관 삼성물산 회장 등이 꼽히고 있다. 더 아래 세대로는 2000년 이후 삼성을 도요타에 비견될 정도의 세계적인 기업으로 육성한 윤종용, 이학수, 이윤우 부회장 등이 거론되고 있다.

삼성공화국은 없다

지은이 | 조일훈
펴낸이 | 김경태
펴낸곳 | 한국경제신문 한경BP

제1판 1쇄 발행 | 2005년 12월 20일
제1판 5쇄 발행 | 2005년 12월 30일

주소 | 서울특별시 중구 중림동 441
기획출판팀 | 3604-553~6
영업마케팅팀 | 3604-561~2, 595 FAX | 3604-599
홈페이지 | http://bp.hankyung.com
전자우편 | bp@hankyung.com
등록 | 제 2-315(1967. 5. 15)

ISBN 89-475-2543-X
값 12,000원

파본이나 잘못된 책은 바꿔 드립니다.